Neuanfang in Dubai
Ein Unternehmerjahr, das alles veränderte

MARKUS MENSCH

Neuanfang in Dubai

Ein Unternehmerjahr, das alles veränderte

Bibliografische Information der Deutschen Nationalbibliothek
Die Deutsche Nationalbibliothek verzeichnet diese Publikation
in der Deutschen Nationalbibliografie;
detaillierte bibliografische Daten sind im Internet
über http://dnb.dnb.de/ abrufbar.

© 2024 Markus Mensch
Bilder: Burak Cayci, Agentur Kocak GmbH, Marcel Frey
Mplus Agentur GmbH, Johanna-Kinkel-Strasse 1, Regensburg 93049
www.markus-mensch.de
Umschlagdesign: Burak Cayci, Agentur Kocak GmbH
Satz, Verlag: BoD · Books on Demand GmbH, In de Tarpen 42,
22848 Norderstedt
Druck: Libri Plureos GmbH, Friedensallee 273, 22763 Hamburg

ISBN 978-3-7597-8724-8

Inhalt

New Year's Eve

Wir saßen auf dem Sofa meines Apartments in Dubai Hills, perfekt gestylt in Anzug und Kleid, jede Haarsträhne saß und jeder von uns beiden hatte noch eine Extraportion Parfum aufgelegt. Ich war nervös wie am ersten Schultag. Sabine lächelte. In ein paar Minuten würde unser Chauffeur klingeln. Immer wieder geisterte diese krasse Summe durch meine Gedankengänge, die ich für diesen Abend, der vor uns lag, ausgegeben hatte. Egal, was man verdient: Ein paar Tausend Euro für einen Silvesterabend sind einfach unfassbar viel Geld. Selbst für einen Abend mit Kylie Minogue in einem Luxushotel in Dubai!

„Mir geht die Melodie nicht mehr aus dem Kopf", sagte Sabine. „Aber mir fällt der Titel nicht mehr ein." „Welches denn?", fragte ich. „Na von Kylie Minogue." Ich zückte mein Handy. Sabine summte die Melodie. Zwei Sekunden später las ich den Songtitel: „Can't get You out of my Head".

„Vielleicht wird uns dieser Abend auch einige Zeit nicht mehr aus dem Kopf gehen", sagte Sabine. „Das wollen wir hoffen", entgegnete ich und verkniff mir „bei der Summe".

Ich stand auf und sah aus dem Fenster. Wie immer strahlender Himmel, selbst an diesem Silvesternachmittag. Wieder dachte ich an den bevorstehenden Abend. Mein erstes Silvester in Dubai! Ich hatte in Deutschland nicht nur einmal die Erfahrung mit Fünf-Gänge-Menüs mit allem Schnickschnack gemacht, aber oft dachte ich hinterher: Nicht schlecht, aber wenn ich ganz ehrlich bin, war der Abend das Geld nicht wert. Wieder machte sich ein Grummeln in der Magengegend bemerkbar. Welcher Gaul war nur mit mir durchgegangen? Aber jetzt war es zu spät!

Es klingelte. „Unser Chauffeur", sagte ich und kramte meine Sachen zusammen. Der Fahrer hielt uns wortlos die Tür auf, wir versanken im weichen Leder und fuhren los. Vorbei an der Media City und am Palm Gateway bis wir zur Hauptstraße kamen, die zur aufgeschütteten Insel führt. Vom Flugzeug aus sieht diese Insel aus wie eine Palme. Auf der Insel-Krone liegt das Hotel Atlantis. Beim Blick aus dem Fenster ließ ich meine Gedanken schweifen und blieb an einem Begriff hängen: Luxus. Wer träumt nicht davon, dass sich sein Leben verbessert? Sie doch auch, geben Sie es zu!

Luxus. Ein Zustand von außergewöhnlichem Komfort, Stil und Raffinesse. All das sollte mein erstes Silvester hier in Dubai werden. Luxus in seiner reinsten Form. Mir kam wieder die Werbung für diesen Silvesterabend in den Sinn. Ich hatte sie Wochen vorher auf der Fahrt durch die Stadt auf irgendeiner Werbepylone gesehen: „New Year's Eve at Atlantis The Palm, Dubai – Discover the Glamour of the Golden Ages" Geworben hatte das Atlantis-Hotel, das in goldenen Farben zu sehen war. Auf der Pylone erstrahlte der Nachthimmel in Scheinwerfern und Feuerwerkskörpern. Die Lichter auf den Spitzen der Türme sahen aus wie Sterne. Die LEDs im Inneren der Pylone verstärkten das Leuchten noch um ein Vielfaches. In der nächsten Einstellung sah man eine strahlende Kylie Minogue in einem silbernen Glitzerkleid. „Erlebe die ultimative Neujahrs-Feier mit Kylie Minogue im Atlantis, The Palm" war zu lesen. Der Text verhieß Champagner, Unterhaltung, garniert mit einem luxuriösen Buffet, einem fantastischen Ausblick und – selbstverständlich – ein spektakuläres Feuerwerk. Vermutlich können Sie sich vorstellen, dass ich mein erstes Silvester in Dubai so richtig feiern wollte. Wer mich nur ein bisschen kennt, der weiß, dass meine Vorstellungskraft in dieser Hinsicht durchaus ausgeprägt ist. Ich habe in meinem Leben ja doch schon so einiges erlebt und gesehen.

Der Preis hatte mich ehrlich gesagt überrascht. Ich hatte nicht mit so viel gerechnet. Aber schließlich war im Paket ja auch alles inkludiert: Essen, Dom Perignon-Flat, Tisch an der Bühne, ein Abend mit allem Drum und Dran. Das klang gut. Richtig gut. Schließlich wollte ich meinen ersten Jahreswechsel in Dubai richtig feiern, und das am liebsten mit Sabine, meine rechte Hand und beste Freundin in einer Person. Zwei Plätze Luxus. Das Fahrzeug, in dem wir gerade saßen, hatte ich samt Chauffeur gleich mitgebucht, schließlich hatte ich gehört, dass es in den Silvesternächten schwierig werden könnte, ein Taxi zu bekommen. Kein Wunder, schließlich hatte man mir erzählt, dass man hier so groß feiern würde wie in New York oder Sydney.

Ich beobachtete ein Paar vor einem Schaufenster. Ich wäre jede Wette eingegangen, dass es sich um Deutsche handelte. Zum ersten Mal seit längerer Zeit schweiften meine Gedanken wieder ab nach Deutschland, nach Regensburg, nach München. Ich dachte an Silvester 2019. In den sozialen Medien hatte sich in den Wochen vorher eine Aufbruchstimmung breit gemacht. Die Menschen verschickten Nachrichten, in denen von den „Goldenen Zwanzigern" die Rede war. Ein neues Jahrzehnt brach an und nicht wenige stellten Verbindungen zu den „Goldenen Zwanzigern", also zur Zeit der Weimarer Republik vor 100 Jahren, her. Die Menschen erinnerten sich gegenseitig an die Blütezeit von deutscher Kunst, Kultur und Wissenschaft und natürlich sollte mit dem Jahr 2020 ein neuer Zeitabschnitt – gerne auch verbunden mit einem Wirtschaftsaufschwung – beginnen. Ich erinnerte mich gut, dass nicht wenige von Aufbruch und Neustart sprachen. Die Sprüche reichten damals bis zur Verklärung einer Zeit, die man nur aus Filmen oder Büchern kannte. Es dürfte auch in etwa um diese Zeit gewesen sein, dass in den Medien zum ersten Mal von einer seltsamen Lungenkrankheit in China zu lesen war, aber die einspaltigen Berichte auf den

Wissenschaftsseiten der großen Tageszeitungen hatte damals kaum jemand wahrgenommen. Jeder weiß, wie die Geschichte weiterging.

„Was geht Dir durch den Kopf", fragte mich Sabine, als ich gedankenverloren aus dem Fenster sah. „Ach nichts, nur das Wort Luxus", sagte ich und lächelte. Auf den Straßen von Dubai war nichts los. Kaum Fahrzeuge, deutlich weniger Touristen als sonst. Ich dachte: Hey, Markus, ein normales Taxi hätte auch gereicht. Wozu einen eigenen Fahrer? Nirgends Stau, die reinste Geldverschwendung. Dabei hatten uns die Leute gewarnt: Auf die Palme kommst Du niemals rauf, da ist alles abgeriegelt. Und was war? Alles übertrieben! Nirgends eine Absperrung, nirgendwo ein Taxi, die Straßen wie leergefegt!

Als wir das Atlantis zum ersten Mal sahen, sagte ich: „Sieht doch ziemlich nett aus, oder?" Die große Kuppel über der Empfangshalle war – nun ja – mindestens beeindruckend. Eine Geigenspielerin auf Stelzen hatte ich auch noch nie gesehen. Hostessen nahmen uns und die anderen Gäste in Empfang. Wir wurden in einen Flur geführt, der endlos lang wirkte – und es dann auch war.

Hier in Dubai wird einfach in anderen Dimensionen gedacht und gebaut. Unser kleiner Spaziergang führte uns an einem gigantischen Pool entlang. Bis zum Konzert sollte es noch einige Zeit dauern. Überall waren Künstler zu sehen, die in die unterschiedlichsten Rollen geschlüpft waren. Charlie Chaplin, Marylin Monroe, Sänger, Jongleure, Artisten. Überall gab es etwas zu staunen. Lauter nette, freundliche Menschen. Cool irgendwie, dachte ich und merkte, dass meine Nervosität verschwunden war. Kein Grummeln mehr in der Magengegend. Nur Staunen. Clowns zeigten ihre Kunststücke und bedankten sich für den Applaus. Uns fiel auf, dass der Boden extra mit einem – beleuchteten! – Fließ ausgelegt war, was vor allem den

Damen in ihren High-Heels sehr entgegenkam. „Die haben an alles gedacht", flüsterte ich Sabine zu. „Hier stimmt jedes Detail." Andererseits ging mir durch den Kopf, dass die Strecke in Anbetracht der Kleidung – vor allem für die Damen in High-Heels – schon ziemlich lang war.

Irgendwann kamen wir am Eingang der Party an. Nach der Ticket-Registrierung blieben wir stehen und ließen wieder unsere Blicke schweifen. Der Eingangsbereich war im Stile eines Kinos aus den 1960er Jahren gestaltet. Alte Filmplakate, riesige Lettern im Hollywood-Stil, die die eigentliche Show „New Year's Eve Atlantis" ankündigten. Weiter ging es über einen Walk-of-Fame mit Namenssternen. Überall hingen Schwarzweiß-Bilder von Stars aus dem letzten Jahrhundert. Irgendwann erreichten wir ein Empfangszelt, in dem es eine goldene Champagnerbar gab. Hier gab es Moet mit goldenem Schnabelaufsatz für das Fläschchen, dazu wurden Kaviarhäppchen gereicht. Nicht schlecht, dachte ich. Wir gingen nach draußen. Das eigentliche Event sollte im Freien stattfinden. Wir bewegten uns auf einen zwei Meter hohen Schriftzug aus Eis zu. Die Eisbuchstaben bildeten das Wort Hollywood. Davor warteten Hostessen, die die Gäste zu ihren Tischen begleiteten. Für jeden Tisch mit zehn Plätzen war ein eigener Kellner zuständig. Krass, dachte ich. Ich war beeindruckt – schon seit einer ganzen Weile.

„Hier kümmern sich mehr Mitarbeiter um die Gäste als in ganz Regensburg an allen Veranstaltungen zusammen", sagte ich. Die Veranstalter hatten auch noch an das kleinste Detail gedacht. Ich meine, es ging um 4.500 Gäste oder mehr – und jeder wurde hier individuell behandelt, als ob er seinen eigenen Diener hätte!

Wir wurden zu unserem Tisch gebracht und sobald wir saßen, kam ein Kellner und rückte uns den Stuhl heran. „Schön langsam wird das eine ganz besondere Nummer", flüsterte ich Sabine ins Ohr. Und langsam, aber unaufhaltsam kamen wir uns vor wie in einer anderen Welt. Die Kellner begannen, Champagner auszuschenken. Aber nicht irgendeinen Champagner! Nein: Dom Pérignon!

Ich habe selbst lange Jahre in der Hotellerie gearbeitet. In Deutschland war ich es gewohnt, dass es sehr schwer ist, überhaupt an Dom Pérignon in so große Mengen zu kommen. Und was soll ich Ihnen sagen: Hier quollen die Kühlschränke davon über. Wahnsinn! „Jetzt weiß ich auch, warum man in Deutschland kaum Dom Pérignon bekommt", sagte ich zu Sabine. „Das ist alles hier in Dubai!" Sobald eine Flasche geleert war, brachten die Kellner sofort Nachschub, als ob es Wasser wäre. Unfassbar!

Die erste Band des Abends spielte Songs aus den aktuellen Charts und gleich zu Beginn war die Stimmung im Publikum richtig gut. Die Küchenchefs eröffneten das Buffet. Uns gingen die Augen über. Ich habe in meinem ganzen Leben noch nie so viel Hummer auf einmal gesehen. Das Buffet war unfassbar: Von allem war im Überfluss da und alles, wirklich alles, war von herausragender Qualität. Köche bereiteten an einer Front-Cooking-Station frische Speisen zu. Die Patisserie-Auswahl war unbeschreiblich. Kellnerinnen reichten an den Tischen weiße Trüffel, egal ob man wollte oder nicht. Weiße Trüffel mussten sein! Die Kellner servierten die Champagnerflaschen mit Fontänen, alles war bis ins Kleinste wundervoll inszeniert. Ich dachte an Hollywood und die Eisbuchstaben.

Vielleicht denken Sie jetzt schon seit geraumer Zeit: Warum erzählt Markus Mensch mir das alles? Möchte er prahlen? Nein! Ich möchte nicht prahlen. Ich möchte Sie nur neugierig machen auf diese Welt. Und ich möchte Sie inspirieren. Ich gebe zu: Ich liebe Luxus (hatte ich das schon erwähnt?). Ich liebe gutes Essen. Ich liebe

Champagner. Und ich liebe guten Service und natürlich auch gute Shows. Genau das ist meine Welt. Ich dachte bis zu jenem Abend im Atlantis auch immer, dass mich nichts mehr überraschen kann. Immerhin hatte ich auch einige Jahre als Reiseblogger in den besten Häusern verbracht. Aber dieser Abend – beziehungsweise diese Nacht – im Atlantis hat sogar meine Vorstellungskraft gesprengt. Ganz sicher hat dieser Abend auch zu meiner Transformation beigetragen, die ich mit einem ganz einfachen Wort zusammenfassen kann: Dubai!

Ich möchte Sie ermuntern, die Grenzen Ihrer Vorstellungskraft gründlich zu überdenken. Sie müssen nicht im Luxus baden, so wie ich es an diesem Abend getan habe. Ich möchte Sie nur dazu ermutigen, über Ihre Grenzen hinaus zu denken. Malen Sie sich doch ruhig auch Dinge aus, die Sie sich bisher nicht ausmalen konnten. Man muss sich nichts vormachen: In Deutschland herrscht ein durch und durch negatives Grundrauschen. Täglich wird man mit schlechten Nachrichten konfrontiert, die Stimmung im Land war seit Jahrzehnten nicht mehr so miserabel. Wir dachten immer, wir leben in Deutschland in einem der reichsten und sichersten Länder der Erde. Das ist vorbei! Die Zeiten des Aufschwungs und des Wohlstands sind zu Ende und spätestens mit der Pandemie hat sich dieses Land fundamental verändert. Ich bin wahrlich kein sonderlich politischer Mensch, im Gegenteil (und ein Verschwörungstheoretiker schon gleich gar nicht). Aber das nimmt ja nun wirklich jeder wahr, der nicht gerade mit der neuen Apple-Brille durch die Gegend läuft. Dazu kommt, dass die Voraussetzungen für Unternehmer in Deutschland nicht gerade entgegenkommend sind. Entsprechend miserabel ist auch die Stimmung unter den Machern im Land. Auch das sage ich wieder mit Vorsicht, aber mit Bestimmtheit: Es gibt inzwischen genügend Länder, in denen es sich leichter leben lässt als in Deutschland. Eines habe ich inzwischen kennengelernt: Dubai!

Wissen Sie, was die gute Nachricht ist? Sie haben die Wahl! Sie können sich entscheiden, wo Sie leben möchten (unter bestimmten Voraussetzungen natürlich, das ist mir schon klar). Auch Sie können Ihr Leben auf ein anderes Level heben, wenn Sie es nur fest genug wollen. Mit dem richtigen Mindset können Sie Ihre Vorstellungskraft erweitern, ja sogar sprengen. So wie ich damals an meinem ersten Silvesterabend im Atlantis. Lassen Sie sich nicht länger von all dem Negativen hinunterziehen und ablenken. Ich kann Sie nur dazu ermutigen, es ab sofort bleiben zu lassen und umzudenken. Denken Sie nur ein Wort: Dubai! Das Ausrufezeichen bitte immer mitdenken.

Der Abend hatte jetzt Fahrt aufgenommen. Nach all dem Champagner war der Gang auf die Toilette unausweichlich. Und selbst hier: Extremer Luxus. Überall standen für die Gäste Kosmetikprodukte und Duftfläschchen von Acqua di Parma bereit (das ist eine italienische Marke, die ihre Produkte in Handarbeit herstellt!). Es fühlt sich extrem gut an auf der Haut und duftet einfach wunderbar. Ich dachte zwar für einen Augenblick, mir hätte auch eine normale Seife gereicht, aber nun gut…. Selbst am Waschbecken wollte man im Atlantis noch Akzente setzen. In mir machte sich der Gedanke breit, dass es hier jemand besonders gut mit mir meint. Nein. Nicht gut. Supergut. Sobald sich ein Gast die Hände gewaschen hatte, war sofort ein Mitarbeiter da, der die Wassertröpfchen fein säuberlich weggewischt und das Waschbecken poliert hat. Unglaublich. Ungefähr zu dem Zeitpunkt kippte in mir das Gefühl und mir wurde klar, dass dieser Abend diese unglaubliche Summe wert war. Jeden Cent. Hier wurde viel mehr geboten wurde, als man erwarten konnte. Ich habe in meinem Leben auch so manches organisiert und veranstaltet (darunter zum Beispiel die „Secret Fashion Show" – die größte Modenschau Deutschlands – mit der ich in den 2010er Jahren für Furore gesorgt hatte). Ich war auf unzähligen Partys weltweit, die manchmal – gelinde gesagt – ziemlich langweilig waren. Dieser New Year's Eve im Atlantis hat alles um Hauslängen getoppt. Jedes einzelne Detail, überall wurde noch etwas draufgelegt, was ich so noch nicht kannte.

Als ich wieder am Tisch zurück war, hatte ich erwartet, dass nach der ersten Runde Dom Pérignon der normale Moet kommt. Nein! Es ging munter weiter mit dem edlen Tropfen. Sehr schön, dachte ich mir. Den nehme ich immer gerne. Immer wieder kamen die Kellner und auch wenn ich meinte, irgendwann müsste der Champagner doch aus sein, ging es weiter. Und das bis in den späten Abend hinein. Eine halbe Stunde vor Mitternacht erschien dann Kylie Minogue auf der Bühne und begann mit der Show. Vor Jahren hatte ich sie auf einem Konzert gesehen, daher war dieser Abend eine Art Fan-Revival für mich. Kurz vor Mitternacht begann der Countdown. 3 – 2 – 1 – Neujahr 2023. Das Feuerwerk setzte Schlag 0 Uhr ein. Wir standen mit offenem Mund da. Es war unfassbar! Der Himmel über dem Atlantis war von einer Kuppel aus Sternen und Licht überspannt. Die Augen wussten nicht, welchen Punkt sie fixieren sollten. Alles war gleißendes Licht und alles war phänomenal. Ein endloses Meer aus tausend Farben und Formen. Ich erinnere mich, dass es mir so vorkam, als ob da am Himmel ein lebendiges Wesen wäre. Ekstase pur. Die Pyrotechniker feuerten, was das Zeug hielt. Am Himmel war nichts mehr zu erkennen, außer dieses Feuerwerk der Superlative. Keine Skyline, keine Sterne, kein Mond. Nichts. Nur Feuerwerk.

Nach einer gefühlten Ewigkeit von vielleicht 15 Minuten war der Zauber vorbei. Die Party ging weiter. Die Band spielte, die Kellner brachten Champagner – was sonst. Spätestens zu diesem Zeitpunkt dachte ich: Einfach großartig! Ja, ich hatte vermutlich ein, zwei Drinks mehr als gedacht, das schon. Als die Feier am frühen Morgen eigentlich zu Ende ging, wollten wir immer weiter und weiter feiern. Aber auch die anderen Gäste meinten irgendwann, dass es an der Zeit wäre, zu gehen und so strömten alle zu ihren Wagen. Spätestens zu diesem Zeitpunkt wurde mir klar, dass es eine gute Idee war, einen eigenen Fahrer zu haben. In diesem Zustand der Euphorie und der grenzenlosen Freude hätte ich nicht einfach in ein gewöhnliches Taxi steigen wollen.

Alles zusammengerechnet war das der teuerste Abend meines Lebens, aber heute denke ich, dass es beim Fliegen das gleiche ist. Sobald Du einmal First Class geflogen bist, willst Du nicht mehr zurück auf die Economy-Plätze. Mit diesem Abend im Atlantis war es ähnlich: Wer einmal etwas derart Außergewöhnliches erlebt hat, für den gibt es kein Zurück mehr. Ob ich jemals wieder aus Dubai zurückmöchte? Schwere Frage. Wie wäre es, wenn ich Ihnen jetzt erst einmal meine neue Heimat zeige, und danach stellen Sie mir die Frage noch einmal. Einverstanden? Schön, dann kommen Sie mit!

Sabine

Wenn es Sabine nicht geben würde, müsste man sie erfinden. Sollten Sie auch zu den Menschen gehören, die eine wirklich allerallerbeste Freundin (oder einen allerallerbesten Freund) haben, der schon fast die eigenen Gedanken lesen kann, dann kann ich nur sagen: Herzlichen Glückwunsch! Sabine ist seit über 15 Jahren ein fester Bestandteil in meinem Leben. Sie ist meine rechte Hand, Sparringspartnerin, Vertraute und inzwischen fühlt es sich mit Sabine – wie soll ich sagen – familienmäßig an. Dabei waren wir uns damals, als wir uns kennenlernten alles andere als sympathisch. Aber das erzähle ich Ihnen ein andermal.

Was ich eigentlich sagen wollte: Als in mir die Entscheidung gereift ist, meine Siebensachen zu packen und nach Dubai zu gehen, war es für mich eine Selbstverständlichkeit, Sabine um ihre Meinung zu fragen. Wir hatten uns in dieser Zeit meiner Entscheidungsfindungsphase natürlich immer mal wieder über das Thema Dubai unterhalten. Kurz nach meinem Umzug nach Dubai Hills hat mich Sabine hier zum ersten Mal besucht. Viele Gespräche mit Sabine im Lauf unserer Freundschaft sind mir im Gedächtnis geblieben, aber an dieses Gespräch damals am Strand erinnere ich mich, als ob es heute Vormittag gewesen wäre. Wir hatten unsere Schuhe in der Hand und schlenderten im tiefen, warmen Sand entspannt ins Abendrot.

„Jetzt sag' mal geradeheraus: Wie geht's Dir? Ganz ehrlich", fragte mich Sabine und blieb stehen, um ihre nackten Füße zur Kühlung tiefer in der Sand zu graben. Ich drehte mich zu ihr, lächelte und sagte: „Wenn ich jetzt sagen würde, es geht mir gut, dann würde es das nicht treffen. Es geht mir so gut, wie es mir noch nie in meinem Leben ging. Kannst Du Dir das vorstellen?" „Irgendwie ja

und irgendwie nein", entgegnete Sabine. „Aber ich freu' mich natürlich unglaublich für Dich. Ich kenne Dich als Menschen, der für außergewöhnliche Entscheidungen bekannt ist. Aber Dubai – das ist dann doch nochmal was anderes."

Sabine wollte von mir wissen, ob ich mich an die „Geburt dieses Gedankens" erinnern könne, wie sie es damals nannte. „Jetzt mal ehrlich: Hast Du schon länger vorgehabt, aus Deutschland wegzugehen?"

„Nein, überhaupt nicht", erwiderte ich. „Das war so überhaupt nicht geplant. Vielleicht war die Geburt des Gedankens, wie Du es nennst, in der Zeit der Corona-Pandemie, als ich mir schlichtweg irgendwann mal die Frage gestellt habe, warum Dubai eigentlich „offen" hat? Ich habe mich darüber gewundert, dass es hier, wo ich jetzt bin, damals Tourismus gab – und wir hockten im Lockdown – in der Schockstarre – fest!"

Dubai hatte sich damals nach und nach immer mehr in meinen Gedankengängen festgesetzt und ich habe immer öfter recherchiert, mir Videos auf YouTube angesehen, Artikel gelesen, Sie wissen schon. Anfangs war ich noch der Meinung, dass es vermutlich unfassbar teuer sein muss, in Dubai zu leben, geschweige denn, hier eine Immobilie zu besitzen. Nach einiger Zeit bin ich auf diese Investmentgeschichten zum Thema Dubai im Internet gestoßen. Da ich auch in der Vergangenheit schon immer mal wieder in Immobilien investiert hatte, lag der Gedanken nicht in unendlicher Entfernung, es auch in Dubai zu tun. Irgendwann bin ich dann auf Daniel Garofoli gestoßen. Der Kontakt zu Daniel gab letztlich den Ausschlag. Er hat bei mir für den „Moment der Momente" gesorgt. Er hat ganz wesentlich dazu beigetragen, dass in mir die Entscheidung gereift ist, nach Dubai auszuwandern.

„Nach diesem Beratungsgespräch mit Daniel und seinem Team…", fuhr ich fort. „Du erinnerst Dich doch an Daniel?" Sabine nickte. „Ich habe an einem seiner Investmentkurse per Video teilgenommen." Wieder nickte Sabine. „Damals habe ich echt viel über die rechtlichen Dinge erfahren, die es zu beachten gibt, wenn man vorhat, seinem Land den Rücken zu kehren, um in den Vereinigten Arabischen Emiraten seine Zelte aufzuschlagen. Die Professionalität und die Aufbereitung der Infos im Kurs haben mich sehr beeindruckt und meiner Idee noch einmal den nötigen Unterbau gegeben."

Sabine und ich erinnerten uns gemeinsam an die Zeit meines ersten Aufenthalts hier. An die vielen Telefonate und Videokonferenzen, die wir in diesen fünf Wochen geführt hatten. Ich blieb stehen und ließ meine Blicke für einen Moment über die Wellen gleiten. „Heute kann ich echt sagen: Meine ersten fünf Wochen hier in Dubai haben mein Leben total verändert."

Sabine lächelte und ich spürte, wie sehr sie sich für mich freute. Vielleicht spielte sie in diesem Moment ja auch schon mit dem Gedanken, es mir gleich zu tun? Ich habe sie nicht danach gefragt. „Erzähl' weiter, Markus", sagte sie nur.

„Na ja, nachdem ich alle für mich notwendigen Informationen gesammelt hatte, war es natürlich wichtig, mir vor Ort ein Bild zu machen und das Land mit allen Sinnen wahrzunehmen. In der Zeit meines ersten längeren Aufenthaltes hier habe ich nicht nur das Team von Daniel (von ihm wird noch zu sprechen sein) kennengelernt und Baustellen besichtigt, sondern vor allem auch die Schönheit des Landes und die ungeahnten Möglichkeiten entdeckt. Ich hatte unglaublich tolle Dates und habe wahnsinnig interessante Menschen kennengelernt."

In diesem Moment erinnerte ich mich an meine Zeit als Reiseblogger, in der ich in drei Jahren über 100 Hotels an den schönsten Plätzen der Welt kennengelernt und darüber berichtet habe. Man kann sagen, dass ich in Sachen Reisen tatsächlich mit allen Wassern gewaschen war. „Was mir aber nach diesen ersten fünf Wochen hier in Dubai passiert ist", sagte ich zu Sabine, „das ist mir in all den Jahren als Reiseblogger nicht passiert."

Wieder blieben wir stehen. Ich beugte mich nach unten, nahm eine Handvoll Sand und ließ ihn durch die Finger gleiten.

„Nämlich?", fragte Sabine. „Mach's nicht so spannend!"

„Als mein Aufenthalt sich dem Ende entgegenneigte, habe ich meinen Koffer zugeklappt und festgestellt: Ich möchte auf keinen Fall wieder abreisen. Als ich aus dem Hotel zum First Class Chauffeur gegangen und zum Flughafen gefahren bin, habe ich eine Bedrücktheit – ja sogar eine gewisse Traurigkeit – gespürt, die ich so nicht von mir gekannt habe. Bis zu diesem Zeitpunkt hatte ich in meinem Leben noch nie das Gefühl, irgendwo wirklich zu Hause zu sein. Vielleicht ist es mir ja auch deshalb in den Jahren als Reiseblogger immer leichtgefallen, von A nach B und von B nach C zu reisen? Wahrscheinlich sogar. Umso verwirrender war für mich diese neue Erfahrung bei der Abreise von Dubai. Ich dachte mir: Oh mein Gott, morgen bin ich wieder in Deutschland! Ich kann es schwer beschreiben, wie komisch sich dieser Gedanken angefühlt hat. Wo immer in unserem Körper Gefühle entstehen und gespeichert werden: Diese Region war damals auf jeden Fall schwer beschäftigt, ein neues Gefühl zu verarbeiten. Viele Menschen, die auf Reisen sind, kennen diese Art von Blues, den sie nach einem schönen, langen Urlaub empfinden. Als ich wieder in Deutschland gelandet bin, war das mehr als nur ein Blues. Ich habe gespürt, dieses Gefühl geht nicht mehr weg."

„Ich weiß", sagte Sabine. „Als ich Dich damals am Flughafen abgeholt habe, sah ich Dir das schon von Weitem an. Du warst nach diesen fünf Wochen nicht mehr der gleiche Markus."

So habe ich damals beschlossen, dass ich in eine der beiden Immobilien, die ich in Dubai gekauft hatte, selbst einziehen werde. Als ich in München gelandet bin, war der Übergabetermin der Immobilien bereits geplant und für mich stand fest, dass ich ab diesem Zeitpunkt fürs Erste nach Dubai gehen werde, um dort einfach mal eine Zeit lang zu leben. Am Anfang war es auch noch eine Art Ferienwohnungs-Feeling. Bis zum Entschluss, in Dubai zu bleiben, hat es noch ein bisschen gedauert.

„Willst Du denn jetzt für immer in Dubai bleiben", fragte mich Sabine. Ich zögerte. „Den Weg zurück nach Deutschland gibt es natürlich immer. Du kennst mich: Ich bin bestimmt nicht der Mensch, der unbedingt zu Gefühlsduseleien neigt." Sabine nickte, zog eine Augenbraue hoch und lächelte wieder.

„Ich bin eher der pragmatische Mensch, das weißt Du. Um es klar zu sagen: Wenn es mir morgen hier in Dubai aus irgendeinem Grund nicht mehr gefallen sollte, packe ich meine Koffer und gehe zurück nach Deutschland. Meine Wohnungen ließen sich in diesem Fall sicher ohne Probleme vermieten. Im schlimmsten Fall könnte ich Geld verlieren, aber ich kann nach einer gewissen Lebenserfahrung mittlerweile sagen: Manchmal verliert man Geld und ein andermal gewinnt man eben wieder etwas dazu. Hey, so ist das Leben! Dementsprechend bin ich fest davon überzeugt, dass es besser ist, sich nicht so viele Gedanken zu machen, sondern einfach drauflos zu leben. Einen Weg zurück gibt es immer. Dubai ist kein One-Way-Ticket für mich und ich würde es natürlich nicht ausschließen, dass es mir eines Tages hier nicht mehr gefallen könnte. Ob das in zehn, in 20 oder in zwei Jahren sein wird: Keine Ahnung. Stand heute ist allerdings, dass Deutschland für mich im Moment keine Option mehr ist. Punkt. Es gibt hier so viele Dinge, die einfach genial und einmalig sind, dass sie mir in Deutschland garantiert fehlen würden, falls ich jemals wieder zurückgehen sollte. Letztlich ist das ja auch gar keine so große Sache: Ich wohne halt einfach woanders. Mit diesem Mindset bin ich auch von vorneherein an die Sache herangegangen. Ich habe es als eine Art Projekt angesehen, das ich jetzt einfach mal lebe und erlebe. Wie lange es sich gut anfühlen wird? Keine Ahnung. Im Moment genieße ich einfach nur den Augenblick. Wie gesagt: Einen Weg zurück gibt es immer."

Obwohl wir beide nicht die richtigen Klamotten anhatten, setzten wir uns wie zwei Teenager in den Sand nah ans Wasser und stützten uns mit den Händen ab. Von Zeit zu Zeit schwappte eine Welle an unsere Zehen.

„Und Du hattest nie Zweifel?", fragte Sabine.

„Ich würde lügen, wenn ich diese Frage nicht mit ‚Doch' beantworten würde", sagte ich. „Natürlich gab es diese Zweifel, vor allem in der Planungsphase. Wenn ich ehrlich bin, bin ich eigentlich gar nicht der Typ Mensch, der jemals ernsthaft darüber nachgedacht hat, von Deutschland wegzugehen. Ich dachte eigentlich immer, dass ich in Deutschland sehr glücklich bin. Aber als ich mir die Zahlen, Daten und Fakten bei Lichte betrachtet angesehen und alles durchgerechnet hatte, habe ich beschlossen, es zu tun. Beim Thema Geld bin ich zu der Erkenntnis gekommen, dass nichts schiefgehen kann. Alles okay. Was die Immobilie anbelangt, war sowieso alles bestens. Dazu kam dann noch die nötige Portion Zuversicht, nach dem Motto: Wird schon gutgehen – und am Ende wird es dann auch so sein. Zweifel hatte ich im Prinzip nur ganz am Anfang und auch nur so lange, bis ich verstanden habe, wie alles ablaufen könnte. An dem Tag, an dem ich festgestellt habe: Ja, Markus, die Rechnung geht auf, war alles klar. Es passt, egal, was passiert. Du kannst es dir leisten und selbst wenn du zurückgehst, ist alles im grünen Bereich. Es gab also faktisch nichts mehr, was dagegensprach."

Sabine stand auf, nahm den Saum ihres Kleides in die Hände und ging so lange rückwärts, bis das Wasser ihre Knöchel umspülte. „Irre, wie warm das Wasser ist", sagte sie und gleich darauf: „Aber der Behördenkram war nicht ganz ohne, oder?"

„Nein, klar", sagte ich. „Du kannst Dir bestimmt vorstellen, dass es nicht ganz einfach war, diese Zweifel auf dem Papier aus dem Weg zu räumen. Im Gegenteil: Für meinen Steuerberater, meine Ansprechpartner bei den Versicherungen und auch für meine Berater hier in Dubai war es ein riesiger Berg an Arbeit. Aus heutiger Sicht muss ich sagen, dass es alles andere als leicht war: All die Formalitäten und Eventualitäten. Puh! Andererseits machen es einem die deutschen Behörden ja auch nicht gerade leicht – und da muss man noch nicht einmal ans Auswandern denken. Um aber noch einmal auf Deine Frage nach den Zweifeln zurückzukommen: Es gab tatsächlich mal einen Moment, der mich ins Zweifeln gebracht hat. Es war in etwa am Ende meines ersten Jahres hier in Dubai, als ich meine zweite Wohnung bezogen habe. Ich hatte die Handwerker hier und es lief einfach alles drunter und drüber. Ich gebe zu, dass ich nicht nur einmal dachte: Hey, warum tust du dir das an? Es war alles so anstrengend und schwierig. Aber nach einer sehr harten, chaotischen Woche haben sich die Zweifel dann wieder verflüchtigt."

Sabine konnte sich noch gut an diese Zeit erinnern. Wir hatten damals einen längeren Videocall geführt. „Das war doch zu der Zeit, als Du an Deinem Mindset-Buch gearbeitet hast, oder?"

„Genau", sagte ich. „Du hattest die Idee damals ja grundsätzlich für gut gefunden." „Theoretisch zumindest", fügte ich hinzu.

„Ich muss trotzdem zugeben, dass ich den Gedanken, nach Dubai zu gehen, trotzdem für etwas – wie soll ich sagen – befremdlich gehalten habe", sagte Sabine.

Sabine und ich hatten damals schon seit Jahren eine Art „Freundschaftsfernbeziehung" und für sie war es von Anfang an egal, von wo aus wir miteinander telefonieren oder uns schreiben würden. Es gab aber auch Freunde, die gesagt haben: Nach sechs Monaten kommst Du ja sowieso wieder und ich möchte nicht verhehlen, dass es auch Freunde gab, die sagten: Wie kannst Du nur in so ein Land gehen und so etwas unterstützen? Da kam teilweise auch viel Gegenwind, vor allem auch von Leuten, die gemeint haben, ich gehe nach Dubai, um Steuern zu sparen. Ich habe denen geantwortet, dass meine Firma ja auch weiterhin in Deutschland ist und ich deshalb auch in Deutschland Steuern zahle. Die Leute hatten sofort ein vorgefertigtes Bild von Dubai im Kopf und das haben sie mit demjenigen verbunden, der nach Dubai geht – in diesem Fall eben mit mir. Das war teilweise nicht ganz einfach und ich muss sagen, dass es auch Leute gab, die sich deswegen von mir abgewandt und ihre Meinung über mich geändert haben – auch Kunden natürlich. Es gab aber auch Kunden, die es gut fanden. Ich glaube, dass ich durch meinen Entschluss durchaus den ein oder anderen Kunden verloren habe. Aber andererseits sind durch meinen Schritt aber auch neue Kunden hinzugekommen. So ist das im Leben: Eine Tür schließt sich und dafür geht eine andere auf.

„Du hast Dir doch damals diese Liste gemacht", sagte Sabine.

„Ach ja, die hatte ich Dir damals geschickt."

Schon am Anfang meiner Auswanderungsgedankenspiele hatte ich mir eine Pro- und Contra-Liste gemacht. Hauptsächlich ging es dabei, wie man sich denken kann, um finanzielle Dinge. Ich bin kein Mensch, der mit 50 Euro in der Tasche in ein völlig fremdes Land geht und einfach mal schaut, was passiert. Für mich war von Anfang an wichtig, dass auch mein Business hier in Dubai funktioniert. Ich wollte natürlich von Anfang an auch hier Netzwerken und so habe ich abgeklopft, wie die Bedingungen hier sind. Schon als ich hier im Urlaub war, habe ich an ersten Netzwerktreffen teilgenommen, aber um ehrlich zu sein: Der Prozess hat schon eine Zeit gedauert. Von heute auf morgen baut hier niemand ein Netzwerk auf. Als die ersten Unsicherheiten aufgetaucht sind, habe ich mich darauf besonnen, das Ganze als Projekt anzusehen. Das hat mir die Sache deutlich erleichtert und das hat auch der Entscheidung die Schwere genommen. Die Entscheidung war nie endgültig und sie wird es auch nie sein. Heute bin ich in Dubai und in zehn Jahren vielleicht in den USA, keine Ahnung. Ich bin fest davon überzeugt, dass man in der heutigen Zeit, in der man ohnehin viel multimedial arbeitet, überall auf der Welt Erfolg haben kann. Ich gebe offen zu, dass mir die Tatsache, dass ich im Prinzip ja keine Familie mehr habe, weil meine Eltern bereits verstorben sind, eine Aussage wie diese durchaus leichter macht. Ich bin in dieser Hinsicht extrem flexibel. Dazu kommt, dass ich fast ausschließlich digital arbeite und daher an keinen festen Ort gebunden bin.

Sabine und ich sprachen noch eine Weile darüber, welchen Einfluss letztlich auch die Pandemie auf diese Umstellung in der Arbeitswelt gehabt hat. Keiner von uns beiden wollte sich noch einmal mit dem Thema beschäftigen und trotzdem lief alles auf die Frage hinaus, ob Corona „Schuld" war, dass ich jetzt in Dubai lebe.

„Ich bin mir heute absolut sicher, dass es ohne die Pandemie nicht dazu gekommen wäre, dass ich nach Dubai gehe", sagte ich.

Vor Beginn der Corona-Pandemie war ich sehr stark in einem Hotel-Projekt involviert. Ich wäre damals nie und nimmer auf die Idee gekommen, etwas daran zu verändern. Die damalige Hotel-Eigentümerin habe ich sehr bewundert und in mein Herz geschlossen und ich war mit Leib und Seele ein wichtiger Teil dieses Projekts. Die Arbeit hat mir großen Spaß gemacht, ich hatte unendlich viele Ideen: Die Sanierung von verschiedenen Räumen, ein neues Food- und Restaurant-Konzept stand zur Planung an und vieles mehr. Corona hat das alles zunichte gemacht. Danach gab es keines dieser Projekte mehr. Auch wenn das für den ein oder anderen schon Lichtjahre entfernt zu sein scheint, möchte ich hier noch einmal daran erinnern, welche Verheerungen die Pandemie nicht nur in Deutschland angerichtet hat. Ich möchte gar nicht wissen, wie viele Menschen durch die staatlichen Maßnahmen ihre Existenz verloren haben. Es geht mir hier auch überhaupt nicht darum, dieses Fass noch einmal aufzumachen. Die Tatsachen darf man aber trotzdem noch einmal beim Namen nennen. Es steht ja längst außer Zweifel, dass besonders die Hotellerie sehr gelitten hat. In dem Fall war es so, dass sämtliche Projekte zum Erliegen kamen, das Hotel wurde dann tatsächlich auch verkauft. Ich bin innerhalb der Hotelgruppe zu zwei anderen Hotelmarken gewechselt und habe die Hotels von einer anderen Investorengruppe betreut, aber in diesem Projekt bin ich nie wirklich angekommen. Grundsätzlich war das zwar ein Mega-Projekt, aber als immer wieder die Führungskräfte ausgetauscht wurden und es immer problematischer wurde, sich mit dem Projekt zu identifizieren, sah ich keinen Sinn mehr darin. Ich mache auch keinen Hehl daraus, dass ich damals mit vielen Entscheidungen von Seiten der Regierung sehr gehadert habe, um es gelinde auszudrücken. Der Unmut in der Hotelbranche war damals mit Händen zu greifen und so ist es mir leicht gemacht worden, mich nach Alternativen umzusehen und mich allen Ernstes mit dem Gedanken zu befassen, mich umzusehen, wo auf der Welt man noch so seinen Alltag verbringen kann.

Schon einige Zeit hatte Sabine im feuchten Sand nach Schätzen gegraben. Sie kam mir entgegen und streckte mir ihre geschlossenen Handflächen entgegen: „Links oder rechts?", fragte sie. Ich spielte das Spiel mit, deutete auf ihre rechte Hand und sie hielt mir eine Muschel hin, die ihre Handfläche fast ausfüllte und im Abendlicht wundervoll perlmuttfarben glänzte. „Vermisst Du Deutschland eigentlich", fragte sie.

„Hmm", sagte ich. „Ja, doch. Es gibt schon ein paar Dinge, die ich vermisse. Ganz banal gesagt dieses genaue Arbeiten von Handwerkern zum Beispiel. Hier in Dubai darf man nicht überall genau hingucken, es ist hier nicht immer alles perfekt. Manchmal fehlen mir schlicht auch gewisse Lebensmittel."

Sabine lachte laut auf. „Lass mich raten", sagte sie. „Weißwürste!"

Das war wieder einmal typisch für Sabine: Jetzt kann sie auch noch meine Gedanken erraten, dachte ich.

„Einmal habe ich tatsächlich überlegt, dass ich hier ja auch mal ein Weißwurstfrühstück machen könnte und so habe ich Weißwürste aus Deutschland mitgebracht. Aber leider nicht genügend Senf! Hier ist es leider unmöglich, irgendwo Senf zu kriegen. Ich verstehs nicht: Händlmaier Senf ist doch eine Weltmarke, finde ich! Meiner Meinung nach sollte es überall auf der Welt Händlmaiers Senf geben!", sagte ich und wir lachten, dass die Leute stehenblieben.

„Aber gut, es gibt halt viele Sachen, die man gewohnt ist, die es hier aber eben nicht gibt", sagte ich. „Das ist halt so, schließlich bin ich nicht in Deutschland, sondern in Dubai. Aber letztlich sind das Kleinigkeiten."

Was ich auch vermisse, ist, bei kaltem Wetter die Balkontür aufzumachen und eiskalte, frische Luft einzuatmen. Das gibt es hier einfach nicht. Die Luft ist gefühlt nie kalt. Das ist etwas, was ich schon sehr vermisse. Aber dafür gibt es natürlich hier in Dubai ganz viele Sachen, sehr viel besser sind. Was mir aufgefallen ist: Hier in Dubai ist alles sehr viel schnelllebiger, das heißt, es kann sein, dass morgen etwas ganz anders ist, weil man das jetzt so entschieden hat. Das ist gewöhnungsbedürftig, aber es gibt nun mal diese Regeln. Dieses typisch deutsche „ich muss alles vorausplanen" kann man hier vergessen, dann kriegt man das auch hier ganz gut gebacken.

„Meinst Du, dass Dubai Deine Endstation ist", fragte Sabine unvermittelt.

„Ja", gab ich zur Antwort. „Im Moment ist Dubai für mich tatsächlich erst einmal eine Art Endstation. Ich fühle mich hier verdammt wohl und bin von innen heraus so glücklich, wie ich es bisher noch nie in meinem Leben war. Natürlich hoffe ich, dass das so lange wie möglich anhält, auch was meine Beziehung anbelangt, die mein Ankommen hier und das Gefühl, zuhause zu sein, noch einmal deutlich verstärkt hat. Was danach kommt, irgendwann? Darüber mache ich mir im Moment überhaupt keine Gedanken. Für mich gibt es im Moment jedenfalls keine andere Option. Vielleicht ist in zehn oder 20 Jahren Deutschland wieder eine Option und ich sage okay, schönes Wetter, guter Service, aber trotzdem ist es jetzt genug? Ich weiß es nicht. Vielleicht hat sich Deutschland ja bis dahin noch mehr verändert, wie es jetzt schon der Fall ist? Vielleicht wird es ja auch eines Tages Italien? Ich hatte früher immer geglaubt, das Nonplusultra wäre es, eine Finca in Italien zu haben, mit eigenem Weinberg, wo man sich im Alter gut beschäftigen kann. Aktuell sehe ich mich aber dort gar nicht mehr. Wer weiß, was in ein paar Jahren ist?"

Wir hatten uns an der Uferpromenade auf einer Bank niedergelassen. „Würdest Du jedem raten, nach Dubai zu gehen", fragte Sabine. Vielleicht spürte ich in diesem Augenblick schon, dass sie sich in diese Frage ganz explizit miteingeschlossen fühlte? Ich sagte nichts von meinem Gefühl und antwortete: „Naja, jedem ganz bestimmt nicht. Auswandern sollte man immer nur dann, wenn man wirklich das Gefühl hat, man ist vielleicht da, wo man jetzt gerade ist, nicht zu Hause. Die Lebensumstände müssen das natürlich auch überhaupt zulassen. Eine Familie mit Kindern tut sich logischerweise viel schwerer als ein Single oder ein Pärchen. Ich kann momentan jedenfalls sehr, sehr gut verstehen und auch nachvollziehen, wenn jemand sagt, Deutschland, das ist irgendwie alles nicht mehr das Wahre. Man sieht das ja in den sozialen Netzwerken und in den Nachrichtenportalen, was in Deutschland im Moment los ist. Überall herrscht Chaos und Unzufriedenheit. Die Leute gehen auf die Barrikaden und das nicht nur mehr in den sozialen Netzwerken, sondern auch direkt. Sie gehen auf die Straßen. Ich bin eigentlich überhaupt kein politischer Mensch, aber das bekommt ja nun mittlerweile jeder mit, auch der, der sich eigentlich gar nicht für Politik interessiert. Alles ist anders geworden. Vielleicht ist die Lage in Deutschland so schlecht, wie sie es seit Jahrzehnten nicht mehr war. ‚Ich will irgendwie was anderes', den Gedanken kann ich inzwischen jedenfalls zu 100 Prozent nachvollziehen. Aber man muss sich natürlich auch mit der Möglichkeit auseinandersetzen, dass es woanders vielleicht auch nicht besser ist. Und wenn man Probleme mit sich selbst hat und man zieht dann woanders hin, dann sind die Probleme in der Regel mit im Reisegepäck. Das Problem ist dann damit noch lange nicht gelöst, dass ich in einem anderen Land bin. Ich bin mir sicher, das ist auch noch ein ganz, ganz wichtiger Aspekt, den viele vielleicht auch unterschätzen."

Sabine nickte und ich fuhr fort. „Zum Auswandern gehört unbedingt auch eine möglichst gute Planung dazu. Ich habe hier schon einige erlebt, die nach Dubai gekommen sind und nach einem halben Jahr wieder weg sind und dann gesagt haben ‚Dubai ist scheiße‘. Aber in Wahrheit sind die einfach mit völlig falschen Erwartungen hierhergekommen. Die haben geglaubt, alle haben nur auf sie gewartet und sie leben dann hier ein Luxusleben, das sie sich eigentlich überhaupt nicht leisten können. Und das nur, weil sie sich absolut keine Gedanken gemacht haben, wie das Leben hier finanziert werden soll."

„Ist das Leben hier eigentlich teurer als anderswo", wollte Sabine wissen. „Ich würde sagen, Dubai ist so teuer wie eine deutsche Großstadt, und das immer auch mit der Option, mehr Geld auszugeben. Und dann kommen eben hier Leute her, die glauben, die Regierung, die Geschäftswelt und überhaupt jeder hätte nur auf sie gewartet. Aber so ist es natürlich nicht. Dubai ist ein sehr gut strukturiertes Land, wo es schon alles gibt. Klar ist es ein Land mit Wachstum, das heißt einerseits, dass es für jeden Potenzial zu wachsen gibt. Ich würde aber sagen, für jeden, der gut ist. Wirklich gut! Man muss hier schon auch etwas leisten. Das ist eine Leistungsgesellschaft hier, kein Sozialstaat. Man muss ganz klar sagen: Wer hierherkommt, der sollte am besten Geld verdienen wollen oder schon Geld verdient haben. Sonst, glaube ich, ist es nicht unbedingt der beste Ort zum Leben. Und ganz klar, wenn man ein Problem hat, sollte man erst mal analysieren, ist das Problem bei einem selbst, denn dann nimmt man das mit dem Umzug oder mit dem Auswandern sowieso mit. Und wenn man jetzt sagt: Hey, das ist tatsächlich irgendwas Ortsgebundenes, was woanders besser sein könnte – das Wetter, andere Menschen, besserer Service oder was auch immer – dann sollte man sich auf jeden Fall zumindest umsehen."

„Aber doch bestimmt nicht gleich auswandern, oder?"

„Nein, natürlich nicht. Probewohnen würde ich auf jeden Fall immer empfehlen. Nicht in einem Hotel, denn das kann natürlich ganz schön ins Geld gehen! Vielleicht sollte man es zuerst mal über Airbnb probieren. So kann man auch mal sehen, wie der Alltag so ist, weil Urlaub ja immer auch in einem ganz anderen Rahmen stattfindet als das Alltagsleben. Vielleicht nimmt man sich ja mal vier, fünf, sechs Wochen raus, um das zu testen und auch Menschen kennenzulernen, die dort leben. Egal wohin man auswandert."

Jetzt war ich in meinem Element. Sabine unterbrach meinen Redefluss nicht: „Superwichtig finde ich außerdem, mit spitzem Bleistift zu kalkulieren, ob die Idee nicht schöngerechnet wird. Die meisten Leute, die irgendwohin auswandern, neigen dazu, sich immer alles schön zu rechnen. Sie glauben, ihr Leben wird dann allein schon dadurch besser, weil sie ausgewandert sind. Dieser Meinung bin ich überhaupt nicht. Es gibt natürlich auch wunderbare Beispiele, wie jetzt bei mir. Aber ich habe auch – denke ich mal – ein gutes Fundament mitgebracht. Das hat vermutlich nicht unbedingt jeder."

„Du hattest aber auch extrem guten Support", sagte Sabine. „Ja klar! Ich hatte – neben Dir natürlich – unheimlich großartige Unterstützung."

Ohne diesen Support wäre es vermutlich auch nicht gegangen. Einmal war da Marc Schippke. Er hat mir mit seinem Team geholfen, hier vor Ort das mit dem Visum zu machen. Das Visum habe ich für meine Immobilien bekommen. Auf Marc werde ich später noch zu sprechen kommen. Nicht zu vergessen, mein Steuerberater: Mit ihm habe ich mich natürlich auch sehr ausführlich unterhalten, und das nicht nur einmal. Wir haben besprochen, wie was am besten funktioniert, was ich beachten muss, dass ich zum Beispiel auch weiterhin in Deutschland meine Steuern zahlen muss, dass es nicht so einfach ist, wie es klingt und ganz Vieles mehr. Ich habe nicht nur einmal die Frage gestellt bekommen, ob ich wegen der Steuern hierher gegangen bin. Dazu kann ich sagen: Ein klares Nein. Ich habe das nicht deswegen gemacht, um mir Steuern zu sparen. Das möchte ich hier explizit zum Ausdruck bringen, dass es mir nicht darum ging. Mir war von vorneherein klar, ich muss natürlich auch mit meinen Mitarbeitern Lösungen finden und ich muss dann später hier in Dubai eine Firma gründen und später dann auch hier in Dubai Mitarbeiter finden. Dabei habe ich auch immer super Unterstützung gefunden, eben auch mit Marc Schippke zusammen. Ansonsten hilft man sich in der Community sehr, sehr viel. Emir, der YouTuber, veranstaltet ja auch regelmäßig Treffen. An einem hatte ich mal teilgenommen. Dabei lernt man natürlich auch Leute kennen, die man fragen kann: Hey, wie hast Du denn dieses und jenes gemacht? In diesen Treffen gibt es starken Support.

Der Abend neigte sich dem Ende entgegen. Die Sonne war inzwischen am Horizont verschwunden. Sabine und ich standen auf und sahen uns nach einem Platz in einem der unzähligen Lokale an der Promenade um. „Wie ist das hier eigentlich mit den Sitten und Gebräuchen", sagte Sabine.

„Hier gibt es nach meinen Erfahrungen tatsächlich relativ einfache Regeln", entgegnete ich. „Deswegen ist hier auch das Einwandern verhältnismäßig einfach, finde ich. Ich glaube, das hat Dubai auch ganz bewusst so gemacht, weil Dubai natürlich auch davon lebt, dass viele Menschen hierher einwandern. Und da hilft die deutsche Community sehr, sehr stark."

Ich hatte Ihnen ja erzählt, dass Sabine nicht nur meine allerallerbeste Freundin, sondern auch so etwas wie meine rechte Hand in meiner Firma ist. Ihre Worte verwunderten mich daher nicht.

„Dann sollten wir doch schleunigst unseren Kunden Support anbieten, wenn Sie sich mit dem Gedanken spielen, hier ein neues Leben zu beginnen, oder Markus?"

„Klar", entgegnete ich und winkte einem Kellner. „Was magst Du trinken?"

Sie liebäugeln mit dem Gedanken, nach Dubai auszuwandern?

Markus Mensch steht Ihnen mit seinem Netzwerk vom ersten Gedanken bis zum ersten Strandspaziergang gerne zur Verfügung. Sprechen Sie ihn einfach an. E-Mail genügt an:

kontakt@markus-mensch.de

Wo ich jetzt lebe

Ich würde es seltsam finden, wenn ich ein Buch über das Auswandern schreiben würde, in dem das Land, in dem ich jetzt lebe, gar nicht beschrieben wird und ich Sie bitten müsste, sich einen Reiseführer zu kaufen oder selbst im Internet zu stöbern. Vermutlich werden Sie sich Fragen stellen, wie zum Beispiel: Ist Dubai eigentlich ein eigenes Land? Die Frage hatte ich mir natürlich damals, als ich mich zum ersten Mal mit dem Gedanken auseinandergesetzt habe, hierher zu gehen, auch gestellt. Die Antwort lautet: Nein. Dubai ist im eigentlichen Sinn keine eigenständige Nation oder ein eigenes Land, sondern eines von sieben Emiraten, die zusammen die Vereinigten Arabischen Emirate (VAE) bilden. Abu Dhabi, Sharjah, Ajman, Umm Al-Quwain, Fujairah und Ras Al Khaimah heißen die anderen sechs Emirate. Die Vereinigten Arabischen Emirate sind ein föderaler Staat, was heißt, dass das Land in eigenständige Einheiten gegliedert ist, ähnlich wie in Deutschland das Prinzip mit den Bundesländern. Die VAE sind mit der Staatsgründung 1971 ein noch recht junger Staat, der jedem Emirat eine gewisse Unabhängigkeit gewährt. Die Emirate arbeiten aber zusammen, um Angelegenheiten wie Verteidigung, Währung oder Außenpolitik zu koordinieren. Das größte und wichtigste Emirat, politisch gesehen, ist Abu Dhabi, wo auch die gleichnamige Hauptstadt der Vereinigten Arabischen Emirate liegt. Danach folgt aber dann auch schon Dubai, das zweitgrößte Emirat, das international inzwischen sehr, sehr bekannt ist, vor allem, was den Tourismus anbelangt, aber auch Wirtschaft und Handel spielen hier eine große Rolle – und natürlich die Mega-Bauwerke! Ich wette, fast jeder von uns kennt irgendjemanden, der in den letzten Jahren schon einmal in Dubai war. Dubai ist seit Jahren angesagt. Aber wie groß ist Dubai eigentlich? Meine Recherchen haben damals (Sie wissen schon…) ergeben, dass Dubai ungefähr 3,4

Millionen Einwohner hat. Die Bevölkerung in Dubai ist vielfältig, der Anteil an Ausländern sehr groß. Ich habe gelesen, dass der Anteil bis zu 90 Prozent betragen soll! Dubai ist, wie erwähnt, ein Emirat, gleichzeitig aber auch eine Stadt. Der Name kann sich also auf beides beziehen, vergleichbar mit dem Stadtstaat Hamburg. Natürlich gibt es hier in der Hauptstadt Dubai verschiedene Stadtteile. Die größten davon möchte ich Ihnen kurz vorstellen: Deira im Osten von Dubai ist ein historisches Viertel, das bekannt ist für seinen traditionellen Markt und vor allem auch für seinen Gewürzmarkt. Westlich des sogenannten Dubai Creek liegt Bur Dubai, ein Stadtteil mit einer reichen Geschichte. In Bur Dubai findet man zum Beispiel das Dubai Museum und den Al Fahidi Historic District. Der modernste und spektakulärste Stadtteil ist sicher Downtown Dubai. Hier steht das höchste Gebäude der Welt, der Burj Khalifa und auch die inzwischen weltberühmte Dubai Mall ist hier zu finden (ich komme noch darauf zurück). Überhaupt ist die Architektur in Downtown Dubai unfassbar beeindruckend. Für seine Strände und die künstliche Inselgruppe Palm Jumeirah ist das Viertel Jumeirah bekannt. Das Internet ist voll mit spektakulären Bildern, die oft diese genannten Motive zeigen. Der moderne Stadtteil Dubai Marina steht für ein spektakuläres Panorama aus Wolkenkratzern und auch der künstliche Yachthafen ist charakteristisch. Natürlich gibt es in Dubai noch viele weitere Stadtteile, die ich hier nicht alle aufzählen kann und will – ich möchte ja schließlich keinen Reiseführer schreiben. Die Vielfalt und die innovative Weise, wie hier gebaut wird, ist insgesamt schon sehr beeindruckend. Hier in Dubai trifft die zeitgenössische auf eine traditionelle Kultur, wie etwa im historischen Viertel Deira im Osten der Stadt. Der traditionelle Markt in Deira beherbergt einige in Dubai sehr bekannte Märkte wie etwa den bereits genannten Gewürzmarkt oder den Gold Souk, der für seine große Auswahl an Gold- und Schmuckgeschäften berühmt ist. Deira erstreckt sich entlang des Dubai Creek, einem natürlichen

Meeresarm. Hier kann man mit sogenannten Abras, Wassertaxis, eine Fahrt unternehmen, um die Skyline von Dubai zu genießen.

Im historischen Bezirk Al Fahidi Historic District haben wir (jetzt sage ich schon wir!) die Möglichkeit, durch die engen Gassen mit den Windtürmen zu schlendern. Im Heritage Village in Deira kann man das traditionelle Leben in den Vereinigten Arabischen Emiraten erleben.

Dort gibt es nachgebildete Zelte, Handwerksläden und man kann bei Vorführungen die traditionellen Handwerkskünste des Landes hautnah erleben.

Bur Dubai

Bur Dubai ist eines der historischen Viertel in Dubai. Auffallend ist das Fort aus dem Jahr 1878 mit seinen dicken Lehmmauern, das in alten Zeiten dem Schutz der Stadt diente. Das älteste noch stehende Bauwerk in Dubai konnte in seinem Ursprungszustand erhalten bleiben und beherbergt heute eine der wenigen historischen Sehenswürdigkeiten von Dubai. Im Innenhof des Forts sind traditionelle Boote, Windtürme und viele, viele Waffen zu sehen. Unter der Erde kann man als Museumsbesucher in das alte Leben in Dubai eintauchen.

Bei einem Streifzug durch die Stadt ist mir das Sheikh Saeed Al Maktoum House ins Auge gestochen. Das historische Gebäude war einmal die Residenz des ehemaligen Herrschers von Dubai, Sheikh Saeed Al Maktoum. Heute ist es ein Museum, das Originale und Fotografien aus der Geschichte von Dubai präsentiert. Sehr imposant ist auch die Grand Mosque, auch bekannt als Sheikh Mohammed Centre for Cultural Understanding, eine beeindruckende Moschee in Bur Dubai. In der Moschee kann man an einer Führung teilnehmen und dabei mehr über die islamische Kultur und Religion erfahren.

Burj Khalifa

Ich schätze, dass fast einhundert Prozent der Menschen, die in Dubai Urlaub machen, vor allem wegen Downtown Dubai hierherkommen. Ich habe ja schon die beeindruckende Architektur erwähnt. Ehrlich gesagt: Es haut einen fast um, wenn man das zum ersten Mal sieht, da kann man noch so viele Handyfotos von Bekannten aus dem Urlaub gesehen haben. Downtown Dubai ist hypermodern, überall findet man erstklassige Einkaufs- und Unterhaltungsmöglichkeiten und natürlich die bekanntesten Wahrzeichen der Stadt. Burj Khalifa zum Beispiel – das dominierende Wahrzeichen von Downtown Dubai und gleichzeitig das höchste Gebäude der Welt. Der atemberaubende Wolkenkratzer ragt majestätisch in den Himmel und bietet Aussichten über die Stadt und die Umgebung, die man gesehen haben muss. Die Aussichtsplattform „At The Top" im Burj Khalifa ist eine beliebte Attraktion für Touristen. Der Burj Khalifa hat eine markante Ypsilon-Form mit einer zentralen Säule, die nach oben in den Himmel zu wachsen scheint. Die Gebäudehülle verjüngt sich nach oben hin stufenweise und verleiht dem Wolkenkratzer eine unverwechselbare, elegante und moderne Ästhetik. Die Fassade aus Glas- und Aluminiumelementen lässt das futuristische Gebäude glänzen. Nachts erstrahlt der Burj Khalifa mit einer beeindruckenden LED-Beleuchtung in verschiedenen Farben und Mustern. Ich habe gelesen, dass der Bau des Burj Khalifa im Jahr 2004 begonnen hat, die offizielle Eröffnung war dann am 4. Januar 2010. Entworfen und gebaut hat das Wunderwerk der Architektur die südkoreanische Baufirma Samsung C&T. Der Architekt Adrian Smith von der Firma Skidmore, Owings & Merrill war für das Design verantwortlich. Beim Bau des Burj Khalifa sind damals eine Vielzahl neuer Techniken und Materialien zum Einsatz gekommen, unter anderem fortschrittliche Betonmischungen, speziell nur für dieses Gebäude entwickelte Aufzüge und eine umfangreiche Stahlstruktur. Das Gebäude hat eine Höhe von unfassbaren 828 Metern. Es besteht aus 163 Stockwerken über dem Boden und einem Stockwerk unter dem Boden. Das Wunderwerk und Wahrzeichen von Dubai ist nicht nur ein architektonisches Meisterwerk, sondern auch ein Symbol für den Fortschritt und die hohen Ambitionen der Stadt. Das Gebäude zieht Besucher aus der ganzen Welt an.

Vielleicht stellen Sie sich auch die Frage, die ich mir bei meinem ersten Besuch in Dubai gestellt habe: Wie lange braucht man bis in das oberste Stockwerk des Burj Khalifa? Ich hatte zwar keine Stoppuhr in der Hand, aber die Fahrzeit mit dem Aufzug bis ganz hinauf zum obersten Stockwerk ist jedenfalls unvorstellbar kurz. In maximal eineinhalb bis zwei Minuten erreicht man das Aussichtsdeck oder die höchsten Etagen. Die Geschwindigkeit liegt dabei bei mehreren Metern pro Sekunde. Die genaue Zeit ist aber je nach Aufzugsanlage und dem aktuellen Verkehrsaufkommen unterschiedlich. Jedenfalls verfügt der Burj Khalifa über eine der schnellsten Aufzugsanlagen der Welt – wie könnte es in Dubai auch anders sein!

Dubai Mall

Auf keinen Fall darf ich bei meinem kleinen Reiseführer die welt-berühmte Dubai Mall vergessen, eines der größten Einkaufszentren der Welt. Neben einer unfassbar riesigen Auswahl an Geschäften bietet die Mall Unterhaltungseinrichtungen wie das Dubai Aqua-rium, einen Eislaufplatz oder den Fountains. In der Mall ist einfach alles größer, glitzernder, weitläufiger, bombastischer als an anderen Orten der Welt.

Draußen vor dem Burj Khalifa und der Dubai Mall erstreckt sich ein künstlicher See, auf dem einen Fontänen-Show, begleitet von Musik und Lichteffekten, zu bestaunen ist. Besonders nach Sonnen-untergang ist die Show ein beeindruckendes Erlebnis.

Auf dem Downtown Boulevard tummeln sich Menschen aus aller Welt und man kann das pralle Leben in vollen Zügen aufsaugen. Ich würde gerne wissen, wie viele Cafés, Restaurants und Geschäften sich auf dem Downtown Boulevard entlang des Burj Khalifa und der Dubai Mall erstrecken. Es sind unfassbar viele!

Wie ist es, als Ausländer in Dubai zu leben?

Das öffentliche Leben für Ausländer hier in Dubai würde ich nach meinen bisherigen Erfahrungen in vielerlei Hinsicht als offen, vielfältig und lebendig beschreiben. Seit Jahren schon ist Dubai bekannt für seine kosmopolitische Atmosphäre. Das Land zieht ja nicht umsonst Menschen aus der ganzen Welt an. Was für Menschen, die in Dubai gewissermaßen ihre Zelte aufschlagen, interessant ist, ist zum einen die kulturelle Vielfalt. Dubai ist ein Schmelztiegel mit einer großen Bandbreite an Kulturen und Nationalitäten. Das spiegelt sich unter anderem auch in der Vielfalt an Restaurants, Geschäften und kulturellen Veranstaltungen wider. Die offizielle Sprache hier in Dubai ist zwar natürlich Arabisch, aber Englisch wird weit verbreitet gesprochen und ist in vielen Bereichen des öffentlichen Lebens mehr oder weniger die Arbeitssprache. Daher ist es auch nicht verwunderlich, dass die Mehrheit der Beschilderungen und Informationen auch in englischer Sprache sind.

Obwohl der Islam die vorherrschende Religion ist, sind hier auch andere Religionen vertreten. Das zeigt, dass Dubai Wert auf religiöse Toleranz legt. Für die Anhänger verschiedener Glaubensrichtungen gibt es hier Kirchen, Tempel und Synagogen. Sehr bekannt ist Dubai natürlich auch für seine Luxus-Einkaufszentren, seine traditionellen Märkte, die Souks, und für schier grenzenlos vielfältige Einkaufsmöglichkeiten und auch das Nachtleben bietet eine breite Palette: Von exklusiven Clubs bis hin zu kulturellen Veranstaltungen mit internationalen Stars. Überhaupt bietet Dubai eine unerschöpfliche Fülle an Freizeitmöglichkeiten, darunter Strände, Parks, Wüstensafaris, Wasserparks, Golfplätze und und und. Es gibt hier auch unzählige Sportveranstaltungen und kulturelle Festivals. Seit einigen

Jahren zieht Dubai viele Menschen an, die hier arbeiten und leben. Das Geschäftsumfeld ist international ausgerichtet, und es gibt viele Karrieremöglichkeiten in alle möglichen Branchen.

Obwohl Dubai eine kosmopolitische Stadt ist, wird erwartet, dass sich die Menschen hier respektvoll kleiden, besonders an öffentlichen Orten und natürlich auch während religiöser Veranstaltungen. Der Alkoholkonsum ist in lizenzierten Einrichtungen erlaubt, aber Trunkenheit in der Öffentlichkeit wird nicht toleriert. Grundsätzlich hat Dubai strikte Gesetze und Vorschriften, daher ist es wichtig, sich mit den Gesetzen hier vertraut zu machen und sich entsprechend danach zu verhalten. Es ist auf jeden Fall ratsam, sich für ein reibungsloses und respektvolles Zusammenleben vor der Einreise und auch während des Aufenthalts in Dubai mit den örtlichen Sitten, Gesetzen und Bräuchen vertraut zu machen. Insgesamt bietet Dubai für Menschen mit den unterschiedlichsten Hintergründen eine dynamische Umgebung.

Wie man sich hier verhalten sollte

In Dubai gelten natürlich bestimmte Gesetze, Vorschriften und kulturelle Normen. Es ist wichtig, sich bewusst und respektvoll zu verhalten (aber bestimmt nicht nur in Dubai!). Hier sind einige Dinge, die Sie in Dubai auf keinen Fall tun sollten (ohne Gewähr und natürlich auch ohne Anspruch auf Vollständigkeit):

Vermeiden Sie obszöne Gesten oder Ausdrücke in der Öffentlichkeit (nochmal: Am besten nicht nur in Dubai). Respektieren Sie die lokale Kultur und religiöse Sitten. Es ist nicht ratsam, in der Öffentlichkeit (Alkohol) zu trinken. Wer meint, dass er es in Dubai so treiben kann wie auf Mallorca, der täuscht sich. Öffentliche Trunkenheit kann zu ernsthaften, rechtlichen Konsequenzen führen. Es ist auch ratsam, angemessene Kleidung zu tragen, besonders an öffentlichen Orten und noch viel mehr an religiösen Stätten. Ich würde auf alle Fälle freizügige oder provokante Kleidung vermeiden. Intime Gesten sollten in der Öffentlichkeit auf jeden Fall vermieden werden. Eine heikle Sache ist auch das Fotografieren: Knipsen Sie nicht einfach wahllos Einheimische, insbesondere Frauen, und schon gar nicht ohne deren Erlaubnis. Respektieren Sie die Privatsphäre der Menschen – auch das gilt sicher nicht nur für Dubai, hier aber auf jeden Fall. Eine aggressive Sprache, besonders in der Öffentlichkeit, würde ich an Ihrer Stelle in Dubai auch vermeiden. Das kann als respektlos angesehen werden und zu Problemen führen. Was auch sehr heikel ist, beziehungsweise werden kann, ist der Besitz und der Konsum von Drogen. Das ist hier in Dubai illegal und wird mit harten Strafen geahndet. Vermeiden Sie jegliche Beteiligung an illegalen Drogen. Habe ich schon erwähnt, dass das nicht nur für Dubai empfehlenswert ist?

Religiöse Stätten sollten Sie auf jeden Fall respektieren. Nehmen Sie keine Fotos in Moscheen ohne Erlaubnis auf und wenn Sie diese betreten, dann tragen Sie auf jeden Fall angemessene Kleidung. Dubai ist eine kulturell vielfältige Stadt ist. Natürlich ist diese Liste nicht vollständig. Grundsätzlich rate ich nochmal jedem, der hierher kommt, ob als Urlauber oder, um hier zu leben, sich mit den örtlichen Gesetzen und kulturellen Gepflogenheiten vertraut zu machen, um Missverständnisse zu vermeiden. Fragen Sie einfach auch vor Ort nach, hier sind die Leute immer sehr hilfsbereit und oft gibt es auch Tafeln, auf denen alles erklärt wird.

Ein Abend am Strand

„Verg<angene Nacht habe ich von meinem Großvater geträumt", sagte ich zu Sabine. Wir saßen immer noch in diesem Lokal direkt an der Promenade. Es war längst dunkel, aber keiner von uns beiden brauchte einen Pullover. „Du meinst den aus Deinem letzten Buch, oder", sagte Sabine. „Worum ging es?", sagte sie, ohne meine Antwort abzuwarten.

„Es war ein stiller Traum, niemand sprach. Sicher dauerte der Traum auch nicht lange und die Szene war höchst unspektakulär. Ich war gerade eine Bahn im Pool geschwommen, näherte mich dem Beckenrand, sah auf den Golfplatz zwölf Stockwerke unter mir, drehte meinen Kopf und da sah ich meinen verstorbenen Großvater auf einer weißen Liege sitzen. Ich weiß nur noch, dass er mir gewunken hat. Und er lächelte. Was mich noch mehr berührt hat als die Tatsache, dass mein Großvater lächelte, war, dass die Traumkulisse hier in Dubai war. In meiner neuen Heimat."

„Du träumst also schon von Dubai", sagte Sabine.

In gewisser Weise ist Sabine im Lauf der Jahre, in denen wir nun schon zusammenarbeiten und eine tiefe Freundschaft pflegen, fast zu einer Art Familienmitglied für mich geworden. Ich erzähle sonst keinem meine Träume. Jetzt wollte Sabine wissen, inwiefern sich mein Tagesablauf hier in Dubai im Vergleich zu Deutschland verändert hat. „Du wirst doch kaum den ganzen Tag am Pool verbringen", sagte sie und zwinkerte.

„Ein typischer Tag bei mir in Dubai läuft ungefähr so ab", begann ich. „Ich stehe morgens auf. Die Zeitverschiebung im Vergleich zu

Deutschland nutze ich erst einmal für mich. Das ist tatsächlich etwas ganz Neues. Anfangs war ich das gar nicht gewohnt, dass ich Zeit für mich hatte! Das gab es zuvor in Deutschland einfach nicht. Ich stehe also erst mal auf und erledige meinen Haushalt. In dem Hochhaus in Dubai Hills, in dem ich wohne, gibt es unten einen Coffeeshop."

„Ach ja, den hab' ich gesehen", erwiderte Sabine, die am Vortag angereist war. „Dort hole ich mir am Morgen erst einmal einen frisch gepressten Orangensaft und setze mich auf den Balkon", erzählte ich.

Sie müssen wissen, ich wohne im 13. Stock und habe einen Blick über den Golfplatz. Ich mache erstmal die Tür auf, denn morgens ist es ja noch angenehm kühl. Bis die Sonne kommt, dauert es noch ein wenig. Ich sitze dann da draußen und checke schon mal meine E-Mails und schau', was sich in den letzten Stunden so getan hat. Das ist aber alles noch gefühlt Freizeit. Dann gleite ich langsam in den Projektmodus, das heißt, ich beginne, an neuen Inhalten für Workshops zu arbeiten, ich beantworte E-Mails oder Sprachnachrichten, ich überlege mir neue Inhalte für meine Seminare oder Podcasts oder ich arbeite an meinem neuen Buch. Mein erster Workflow des Tages ist also am Balkon schon mal erledigt. Danach gehe ich erst einmal in den Pool, sobald die Sonne aufgegangen ist. Der Pool ist hier im Gebäude, ein Stockwerk tiefer mit Blick auf den Golfplatz. Der ist zwar in einiger Entfernung, aber ich kann das Clubhaus von hier aus gut erkennen.

„Dieser Burj Khalifa, auf den bin ich schon ganz besonders gespannt", sagte Sabine. „Und nach dem Pool?"

„Schaue ich auf dem Golfplatz vorbei. Nein, Spaß! Das wäre ja auf die Dauer auch nicht erfüllend. Trotzdem genieße ich den Luxus natürlich schon sehr. Es ist übrigens auch ein sehr schönes Körpergefühl, wenn man am Morgen schwimmt." Sabine zog die Augenbraue hoch.

Nach dem Pool gehe ich wieder hinauf in meine Wohnung, mache mich frisch und dann gibt es erst einmal was zu essen. Danach beginnen dann meine täglichen Calls mit Kunden und meinen Mitarbeitern. Mit diesem Austausch fängt dann mein eigentlicher Bürotag an. Nach einiger Zeit gehe ich irgendwo zum Essen, oft auch mit Besuchern. Zwei Tage in der Woche sind für meine Beziehung reserviert. Wir machen Ausflüge oder Unternehmungen, gehen an den Strand und was man hier halt alles noch erleben kann. Ich meine, ich lebe in einem Land, von dem andere Menschen nur träumen können, das darf man nie vergessen.

„Hört sich schwer nach Paradies an", unterbrach mich Sabine. „Für mich im Moment auf jeden Fall, ja! Ich habe hier zum Beispiel Zugang zu sämtlichen Fünf-Sterne-Hotels, gehe gerne mal auf den Golfplatz und genieße einfach die Annehmlichkeiten, die einem Dubai eben bieten. Ich gehe auch gerne mal für einen Tag in die Malls und genieße am Abend das Weggehen mit Freunden und Bekannten. Es gibt hier in Dubai inzwischen auch eine ganze Menge an deutschen Community-Treffen, wo ich auch immer wieder dabei bin."

Es ist inzwischen ja völlig normal, dass die Grenzen zwischen Privatleben und Business fließend sind. In der Agentur arbeiten wir seit weit über zehn Jahren komplett nur noch digital. Die Pandemie hat nochmal viel verändert, nicht nur in Deutschland, sondern überhaupt. Man kann heute von überall auf der Welt arbeiten. Daher ist mir der Schritt nach Dubai ja auch so problemlos gelungen. Ich habe heute einfach die Gelegenheit, in meiner Mittagspause an den Pool zu gehen und wenn ich eine Kleinigkeit essen möchte, gehe ich ins Clubhaus unten am Golfplatz. Was sich auch extrem verändert hat, ist der Service-Gedanke. Früher habe ich meine Podcasts in meinem Büro selbst aufgezeichnet. Heute fahre ich hier in Dubai in ein Studio, wo alles aufgezeichnet wird: Video, Ton, alles wird gleich geschnitten und fertig gemacht. Der Servicegedanke hier in Dubai ist extrem ausgeprägt. Ich habe vor Ort unfassbar viele Möglichkeiten, mir die Arbeit zu erleichtern, damit ich mich auf das Wesentliche konzentrieren kann. Dementsprechend wird auch alles viel schneller umgesetzt. Und ich kann auch sagen, dass ich mittlerweile weniger arbeite, als ich es in Deutschland getan habe. Aber nicht, weil ich faul bin, sondern weil ich nun viel effizienter arbeite. Banale Dinge werden mir abgenommen und ich kann mich auf die wirklich wichtigen Sachen voll konzentrieren, weil ich nicht mehr so abgelenkt bin. Hier geht alles einfach auch superschnell. Wir haben alle den direkten Draht zueinander. Vieles läuft einfach über WhatsApp. Innerhalb von Minuten habe ich die Antworten, die ich brauche. Was früher oft Tage gedauert hat, ist heute in wenigen Minuten erledigt. Ich finde das extrem gut. Bei all' dem Negativen in der Welt: Vieles hat sich auch zum Positiven gewendet in der letzten Zeit.

Sabine ließ ihren Blick hinaus auf das Wasser gleiten, in dem sich hunderttausend Lichter spiegelten. „Worüber denkst Du nach", fragte ich sie.

„Ich habe mich gerade gefragt, wie groß dieses Dubai Hills ungefähr ist, wo Du jetzt lebst."

„Dubai Hills ist eine sogenannte Gated Community. Riesengroß", antwortete ich. Eine Einwohnerzahl hatte ich nicht parat. „Wenn man Dubai Hills auf der Landkarte – ich meine auf Google Maps –

betrachtet, sieht es aus wie ein riesiger Schmetterling mit zwei Flügeln. Die eine Hälfte des Schmetterlings ist etwas dichter bebaut, auch mit der riesigen Mall."

„Ach ja, die berühmten Malls", sagte Sabine. „Auch auf die bin ich schon sehr gespannt."

„Das kannst Du auch", entgegnete ich. „Das ist echt gigantisch hier. Eigentlich viel, viel mehr als nur ein Einkaufszentrum. Das Donau-Einkaufszentrum in Regensburg ist völlig lächerlich dagegen. Hier sind mehrere hundert Geschäfte auf einer Fläche, die größer ist als so manche Stadt im Regensburger Umland. Unfassbar groß, über 180 000 Quadratmeter. Hier gibt es natürlich auch unzählige Speiselokale und Freizeitattraktionen, eine Achterbahn zum Beispiel oder Veranstaltungssäle und Kinos."

Dann kam ich nochmal auf Dubai Hills zu sprechen. Ich erzählte Sabine davon, dass ich auf der Seite des Schmetterlings wohne, auf der ein riesiger Golfplatz ist. „Überall gibt es ultraviele Palmen. Um den Golfplatz herum gibt es viele Villen. Ich wohne in einem Tower mit 17 Stockwerken, direkt hinter den Villen. Das heißt, wenn ich aus dem Fenster schaue, sehe ich direkt auf den Golfplatz. Hier ist alles sehr, sehr grün. Am Abend sind die Villen wunderschön beleuchtet, die Pools strahlen in allen möglichen Farben."

„Paradiesisch" sagte Sabine.

„Kann man so sagen. Dubai ist überhaupt sehr grün, überall hat man Wert darauf gelegt, dass es grünt und blüht. Ob das Autobahnkreuze sind oder einfach nur die Straßen. Überall grünt und blüht es, jeder Streifen, jede Lücke. Das macht das Ganze noch lebenswerter, als es ohnehin schon ist. Wenn man ein bisschen weiter rausfährt, hat man natürlich auch noch die Möglichkeit, die Wüste von Dubai zu erleben. Das mache ich ab und zu mal, wenn ich zum Beispiel mal Lust habe auf das Terra Solis habe. Das ist ein Hotelkomplex, natürlich mit einem gigantischen Pool Club, der mitten in der Wüste liegt. Das ist auch ganz bewusst so gemacht: Es soll auch so aussehen wie mitten in der Wüste. Um dorthin zu kommen, fährt man über einige Sandwege. Die Architekten und Planer haben sich bestimmt etwas dabei gedacht. Man spielt dort mit diesem Wüsten-Look-and-Feel."

„Das Internet ist ja inzwischen voll mit Reiseeindrücken von Dubai-Urlaubern", sagte Sabine. „Was beeindruckt Dich als Neubürger denn an Dubai am meisten?"

„Hier ist natürlich sehr vieles beeindruckend", entgegnete ich. „Vor allem mit Sicherheit die Architektur, dieser Mix aus diesen ganzen Wolkenkratzern. Es gibt die verschiedenen Stadtteile und jeder Stadtteil ist für sich eigen. Downtown zum Beispiel ist einfach nur riesengroß mit all diesen Wolkenkratzern. Das Schöne ist aber, dass die nicht einheitlich sind, sondern jeder Wolkenkratzer ist an und für sich schon eine Art Kunstwerk. Die meisten davon haben spezielle Beleuchtungen, was allein schon ein Erlebnis ist. Und was natürlich auch immer aufs Neue ein Erlebnis ist: Wenn ich im Auto sitze, nach Downtown fahre und diesen rieeeesigen Burj Khalifa sehe oder eben auch die Skyline von Downtown. Dann denke ich mir jedes Mal: Krass, und das ist jetzt mein Zuhause! Dieses Gefühl habe ich immer noch. Genauso schön ist es aber auch, rauszufahren, wo die Gebäude nicht so hoch sind. Aber dann ragt natürlich das Burj Al Arab heraus, dieses irrsinnig große, markante Segel, dieses Sieben-Sterne-Hotel, das direkt ins Meer gebaut worden ist. Aber genauso fasziniert bin ich auch immer wieder, wenn ich zum Beach fahre mit all den Palmen, dort, wo alles aufgeschüttet wurde, wo früher einfach nichts war, da fahre ich nun drüber. Das ist einfach immer wieder sehr, sehr spektakulär hier."

„Und wie geht es Dir mit den Temperaturen hier?"

„Von den Temperaturen her finde ich es persönlich gar nicht mal so schlimm. Zwischen – ich sage jetzt mal September und Mai – ist es super angenehm. Ich finde es sogar manchmal abends recht kühl. Wenn man dann irgendwann seine 24 bis 26 Grad hat und da wird es dann kalt, dann denkt man sich, eigentlich ganz schön frisch. Man hat sich so ein kleines bisschen auch an die Temperaturen gewöhnt. Im Sommer ist es so, dass man eigentlich nicht rausgeht. Wie in Deutschland bei schlechtem Wetter, würde ich sagen. Wenn es draußen regnet und matschig ist, dann gehe ich auch nicht freiwillig raus. Hier verbringt man seine Zeit in der Gluthitze dann eben in den Malls oder eben auch im Pool."

„Und wie geht es Euch hier mit den vielen Touristen", fragte Sabine.

„Tja", sagte ich. „Das ist schon ein Thema für sich, muss ich sagen. Es gibt tatsächlich Stadtteile, die meide ich mittlerweile, weil es einfach super voll ist mit Touristen. Und je länger man hier lebt, umso anstrengender empfindet man das, weil die Massen an Touristen schlichtweg auch oft im Weg rumstehen – das ist jetzt gar nicht böse gemeint. Die machen ständig Fotos und verstopfen die Wege, wobei das natürlich auch irgendwo klar ist. Es ist ja auch spektakulär hier, keine Frage. Wer zum ersten Mal hier ist, der bekommt auch den Mund vor Staunen nicht mehr zu. Für mich ist es mittlerweile Alltag und dementsprechend fotografiere ich natürlich nicht mehr in der Gegend herum. Besonders krass ist es an Weihnachten oder Neujahr. Da sind die Malls dann brechend voll und es macht einfach keinen Spaß mehr. Am Wochenende gehe ich auf keinen Fall mehr in eine Mall. Die Menschenmassen dort sind mir einfach zu viel, das kann man sich teilweise gar nicht vorstellen. Am Abend gibt es dort teilweise Einbahnstraßen, durch die die Menschen geleitet, ach was, geschoben werden, die Rolltreppen rauf und runter. Wahnsinn. Dort gibt es dann richtiggehende Leitsysteme, durch die die Menschen geschleust werden. Da steht man dann – also ich sicher nicht mehr – schon mal eine Viertelstunde herum, nur, damit man eine Rolltreppe hinauf- oder hinunterfahren kann. Man muss aber auch sagen: Hier ist alles Tipp Topp organisiert, sogar die Menschenmassen werden hier organisiert geleitet. Aber man muss das schon mögen, diese Menschenaufläufe. Und wenn man hier wohnt, geht man halt am Freitag nicht in die Mall, sondern versucht, das irgendwie zu vermeiden."

Sabine wollte wissen, wie es in Dubai mit den Strafen aussieht. „Ich meine, Du lebst ja immerhin in einem arabischen Land", sagte sie. „Hier herrschen doch sicher andere Sitten und Gebräuche, wie man früher sagte."

„Ja, das Thema Strafen ist hier schon recht restriktiv, würde ich sagen, das ist ja auch längst kein Geheimnis mehr. Ich würde das so beschreiben: Die Gesetze sind hier ganz klar formuliert. Es ist jetzt nicht so, dass an jeder Ecke jemand lauert und es kontrolliert, aber wenn man erwischt wird, dann kostet das richtig Geld. Ich habe zum Beispiel mal eine Strafe bekommen, weil das Licht an meinem Wagen aus war. Wenn man hier zum Essen geht, gibt man normalerweise sein Auto ab und dann werden die Autos geparkt. Der Typ, der meinen Wagen geparkt hat, hat aus Versehen die Scheinwerfer ausgemacht. Ich hatte das gar nicht bemerkt, als ich wieder losgefahren bin. Irgendwann bekomme ich dann auf dem Handy eine SMS, dass ich eine Strafe zu zahlen hätte, weil ich das Licht nicht eingeschaltet habe. Ich schaue in der Polizei-App nach und sehe, dass ich dafür umgerechnet 100 Euro zu zahlen habe. So ist das hier: Alles ist per Video überwacht und dann fällt das sofort auf, wenn einer ohne Licht fährt. Aber man lernt daraus und es wird halt, je komplexer und je gefährlicher das ist, was man macht, umso teurer. Um nochmal auf die Frage zurückzukommen: Ja, hier sind die Strafen schon sehr, sehr hoch. Aber dadurch hält sich auch jeder an die Regeln so gut er nur kann."

Sabine dachte noch lange über meine Worte nach. Vielleicht war es dieser Moment, der mir die Gewissheit gab, dass sie mit dem Gedanken spielte, es mir gleich zu tun?

Eine Fahrt über den Creek
und die Nadel aus der Ferne

Der kleine Kahn schaukelt nur ein wenig hin und her und die Passagiere kommen im Moment nicht auf die Idee, aufzustehen. Ich bin vor fünf Minuten in diese Abra, einen kleinen Fährkahn gestiegen, um mir eine Fahrt über den Creek zu gönnen, diesen Meeresarm, den man von den unzähligen Bildern im Internet her kenn. Überall um mich herum drehen Dubai-Touristen ihre Köpfe herum und an ihren offenen Mündern kann man jene erkennen, die zum ersten Mal in Dubai sind. Die Blicke richten sich auf die Hochhäuser, die in den Himmel zu wachsen scheinen, aber auch auf das historische Viertel. Die Fährkähne verbinden die zwei ältesten Viertel von Dubai, man kann sie in Bur Dubai besteigen. Die Abras sind hier so etwas wie ein Taxi, mit denen man am schnellsten von einem Ufer zum anderen kommen kann. Sicher gäbe es auch den Landweg, aber der würde mit dem Auto entweder Stau auf einer der unzähligen Brücken oder vor dem verstopften Tunnel bedeuten. Da nimmt man dann doch lieber den Wasserweg. Die Fahrt ist nicht teuer, die Fahrgäste sind bunt gemischt. Hauptsächlich fahren die Einheimischen mit den Wassertaxis und Touristen natürlich, die vor lauter Handyknipsen gar nicht dazu kommen, diese irre Gegend in sich aufzusaugen.

Ein paar Stunden später stand ich zum ersten Mal auf dem höchsten Gebäude der Welt. Die Aussichtsterrasse auf dem Burj Khalifa ist an diesem Vormittag gut besucht, wie vermutlich immer. Natürlich gelangt man nicht auf die Spitze dieses Wunderwerks. Die Aussichtsplattform befindet sich aber trotzdem noch schwindelerregende 452 Meter über dem Meeresspiegel und je öfter man dieses Rundumpanorama in sich aufsaugt, desto ungläubiger wird das Staunen. Vielen Besuchern ist hier oben eine gewisse Nervosität anzumerken. Vielleicht trägt das ganze Prozedere mit der endlosen Schlange vor dem Aufzug, die glänzenden Flure und diese vielen Menschen ja auch dazu bei. Wer nach Dubai kommt, weiß ja auch automatisch, dass er sich in einem Land befindet, wo es nur lauter Superlative gibt. Alles hier ist höher, schneller, größer, glitzernder, teurer, spektakulärer. Niemals haben Menschen in ihrer Geschichte so etwas gebaut wie dieses Haus, das ja eigentlich kein Haus ist, sondern ein Wunder. Als ich meinen Blick kurz in Richtung Aufzug richte, kommt mir ein sehr komischer Gedanke: Ich stelle mir vor, dass die Regensburger Firma meiner Eltern in diesem kompletten Gebäude die Parkettfußböden legen hätte müssen. Eine Menge Holz denke ich und kann mir ein Schmunzeln nicht verkneifen.

Eine Stunde später stehe ich an der Promenade vor dem Einkaufsmarkt und schaue noch einmal am Burj Khalifa in die Höhe. Bei diesem Blick dreht sich die Welt im Kreis. Vielleicht liegt es auch an dem vielen Silber, das die Augen kaum verarbeiten können? Die wahre Größe ist von hier unten überhaupt nicht zu erkennen, aber wenn man sich vom Gebäude entfernt, erkennt man immer mehr diese irrsinnig riesige Nadel, die einem das Gefühl gibt, als ob man einen Wachtraum hätte.

Die Stadt der blendenden Lichter

Von U2 gibt es einen schönen Song: City of Blinding Lights. Bono singt darin: The more you see, the less you know. Als ich zum ersten Mal in Abu Dhabi war (das Emirat liegt etwas mehr als eine Autostunde von Dubai entfernt), dachte ich mir: Okay, ich bin ja einiges gewöhnt. Ich habe die schönsten Hotels der Welt gesehen. Trotzdem haben mich diese Millionen Lichter in ihren Bann gezogen wie kaum etwas vorher in meinem Leben. Es mag schon sein, dass es in New York oder Las Vegas ähnlich viel zu sehen und zu staunen gibt, aber ich kann mir trotzdem beim besten Willen nicht noch mehr an Lichtern, an Shoppingmalls, an Bars, an Restaurants, an Parks und Nachklubs vorstellen wie hier. Wer einmal hier war und nur ein kleines bisschen luxusaffin ist, der wird fortan von dieser Vielfalt träumen und sich in München oder Regensburg vorkommen wie in einer Kleinstadt irgendwo im nirgendwo. Es ist kein Wunder, dass der Bevölkerungszuwachs hier irrsinnig hoch ist. Hier ist alles sauber und neu, selbst die Wartehäuschen sind klimatisiert und alles in diesem riesengroßen Zirkus scheint automatisch zu funktionieren. Wie Dubai bietet Abu Dhabi so viele Möglichkeiten, dass man sich Nächte um die Ohren schlagen kann und man hat trotzdem das Gefühl, etwas verpasst zu haben. Überall lauern Sensationen: Ob das eine Skihalle ist oder ein unfassbar großer Springbrunnen, der Yachthafen scheint mir so groß wie halb Regensburg und die künstlichen Inseln in Palmenform meint man, zu träumen. Dazwischen holen einen aber dann auch immer wieder die unzähligen Muezzine und die gemäßigt gekleideten Einwohner auf den Boden der Tatsachen zurück.

Ich stehe vor dem Emirates Palace Hotel Abu Dhabi, das Luxushotel, Palast, Tagungszentrum und Konzerthalle zugleich ist. Auch hier ist alles einfach nur schön. Ich habe gelesen, dass dieser Luxuskomplex über drei Milliarden Dollar gekostet haben soll. Vorstellbar ist es. Wenn nicht hier, wo dann? Was mich überrascht ist, dass das Emirates Palace Hotel für jedermann zugänglich ist. Hier können auch Besucher und natürlich unzählige Touristen die Blicke schweifen lassen oder einen Kaffee trinken. Alles hier drinnen ist Luxus: Leder, Goldornamente, Stuck. Und alles ist stimmig, so, als ob es nichts anderes gäbe. Eine Selbstverständlichkeit. Weniger wäre seltsam und unpassend. Wenn schon Luxus, dann richtig.

Und dann die Düfte: Eine Mischung aus verschiedenen Parfums, den süßen Verlockungen am Kaffeetisch, eingelegten Oliven oder Räucherwerk. In einer halben Stunde ist man auch olfaktorisch auf seine Kosten gekommen ist diesem Hotel, das man als solches gar nicht erkennen kann, weil es einfach zu gigantisch ist. Sobald mich das Emirates Palace wieder ausgespuckt hat, blenden mich die Lichter wieder. Ein Hotelboy verscheucht eine Handvoll Touristen, die mit ihren Handys alles festhalten möchten. Das Fotografieren und Filmen kommt hier nicht besonders gut an. Ich denke an das Wort Camelburger, das ich auf einer der Tafeln im Emirates Palace vorhin gelesen habe und lasse mich mit dem Strom treiben, hinein in dieses unendliche Lichtermeer.

Und nun zum Wetter

Sie werden sich bestimmt fragen, warum ich bisher noch nichts über das Klima in meiner neuen Heimat geschrieben habe. Nun ja, ich bin kein Jörg Kachelmann, aber trotzdem kann ich natürlich Sommer und Winter, Herbst und Frühling unterscheiden. Da ich gewissermaßen in der Wüste lebe, braucht es einen nicht zu wundern, dass man das Wüstenklima auch in der Stadt spürt. Es gibt da auch nichts zu beschönigen. Ich muss zugeben, dass der Unterschied zwischen Deutschland und Dubai nicht größer sein könnte. Als ich zum ersten Mal aus dem Flieger gestiegen bin, war es so, als ob mir jemand ein feuchtheißes Handtuch ins Gesicht geschlagen hätte. Puh, dachte ich, das kann ja heiter werden. Es gibt Zeiten, da ist die Luftfeuchtigkeit in den Küstenstädten vermutlich um die 80 Prozent oder noch mehr. In der Zeit, in der ich nun in Dubai lebe, habe ich eigentlich nur zwei Jahreszeiten identifizieren können: Die sehr heiße Jahreszeit und die etwas weniger heiße. Zwischen Oktober und Mai bleibt die Temperatur meistens unter 30 Grad und wenn es hier unerträglich kalt ist, braucht man schon auch mal eine Jacke und geschlossene Schuhe. Weniger als zwölf Grad werden das aber trotzdem nicht. Weiße Weihnachten sind hier also in etwa so unmöglich wie fliegende Kamele.

In der wirklich heißen Jahreszeit gibt es scheinbar nach oben hin keine Temperaturbeschränkungen, 50 Grad sind da schon mal gemessen worden. Oft steigt das Thermometer deutlich über 40 Grad, in den Übergangszeiten zwischen der sogenannten kälteren und der knackig heißen Jahreszeit sind Stürme auch keine Seltenheit. Sie können sich bestimmt vorstellen, was es bedeutet, an einem wirklich heißen Tag im Freien zu verbringen. Genau genommen kommt das öffentliche Leben mehr oder weniger zum Erliegen und nicht einmal

im Meer findet man Abkühlung. Bei genauem Hinsehen kann man erkennen, dass die Vögel die meiste Zeit die Schnäbel offen haben und es sieht aus, als ob sie wie die Hunde hecheln würden. Aus den Duschköpfen im Freien kommt fast kochend heißes Wasser, die Hotels müssen ihre Pools herunterkühlen und wenn man von draußen nach drinnen wechselt, kann das schon einmal schnell 25 Grad Temperaturunterschied bedeuten. Trotzdem bin ich der letzte, der sich über das Wetter beschweren würde. Es ist ja nicht so, dass ich davon nichts gewusst hätte, als ich hier meine Zelte aufgeschlagen habe. Zum Glück gibt es kühle Getränke und ich kann die Zeiten selbst bestimmen, wo ich mich wann aufhalte. Alles gut, wie man in Deutschland sagt.

Schifoan

Zu den vielleicht verrücktesten Dingen in dieser unglaublich verrückten Stadt gehört vermutlich das „Ski Dubai", eine Skihalle mitten in der arabischen Wüste. Allein der Temperaturunterschied ist schon so verrückt, dass man ungläubig den Kopf schüttelt. Es ist leicht vorzustellen, dass die Einwohner des Emirates noch nie in ihrem Leben Schnee gesehen haben (außer sie waren einmal in Tirol oder was weiß ich). Ich habe mir erzählen lassen, dass im Eintritt in die Skihalle warme Kleidung inbegriffen ist. Das lässt sich leicht denken, weil ja vermutlich nicht jeder Emirati unbedingt einen Skianzug zuhause hat. Drinnen kann man dann nach Herzenslust rodeln oder die Leute bewundern, die die Kunst des Skifahrens beherrschen. Die Hauptsache aber ist der Schnee. Draußen 50 Grad, drinnen unter null. Das kann man ein Wunderwerk der Technik nennen oder einfach nur Gaga. Suchen Sie sich etwas aus.

Ach ja: Im Ski Dubai soll es sogar lebendige Pinguine geben. Braucht kein Mensch, meinen Sie? Nun ja. Sie haben Recht: Ich halte mich tatsächlich lieber an die Bars und Clubs.

Ach ja: Hatte ich erwähnt, dass es sich sehr empfiehlt, sich in Dubai zu mäßigen? Das gilt für so gut wie alle Bereiche. Kleidung, Gestik, Mimik, Alkohol – oder auch der Austausch von Zärtlichkeiten in der Öffentlichkeit. Überall ist Mäßigung angesagt. Wer sich daran hält, wird in Dubai niemals Schwierigkeiten bekommen.

Guten Appetit

Eine Mall ohne eine Futterstraße, wie mancher die Foot Courts nennt, ist nicht nur hier in Dubai undenkbar. Aber Sie können sich vermutlich denken, dass diese Fressmeilen hier größer sind, länger, üppiger, umfangreicher – einfach alles eine Nummer größer als anderswo. Hier reihen sich die Fast-Food-Stände auf wie auf einer Perlenkette und von sehr klein bis sehr groß ist alles dabei, was das Herz, pardon, der Magen begehrt: Chicken, Pizza, Burger und Pommes natürlich, auch die indische und die libanesische Küche sind vertreten und selbstverständlich auch die großen, auch in Deutschland bekannten Ketten. Mir ist aufgefallen, dass es in all diesen Fast-Food-Ständen fast immer Menüs gibt, wie man das ja von den bekannten Ketten her kennt. Und was noch auffällt ist, dass die Cafés und Coffeeshops nicht direkt in diesem Getümmel aus Fleisch, Pizza und Gemüsespeisen vertreten sind, sondern ihren eigenen Bereich in der Mall haben, wo man es sich etwas gemütlicher machen kann. Dort ist natürlich auch die Einrichtung entsprechend anders und hier kann man sich Donuts, Eis, gefrorenen Joghurt oder Käsekuchen schmecken lassen. Wenn Sie mich aber jetzt nach dem landestypischen Essen fragen, muss ich leider passen. Einen „Dubaier Hof" oder die „Emirates Stubn" gibt es hier nicht, jedenfalls habe ich beides noch nicht entdeckt. Vielleicht liegt es daran, dass es in den Emiraten gar nicht üblich ist, auswärts zu speisen? Für mich wäre das jedenfalls eine schlüssige Erklärung dafür. Was aber isst man denn in Dubai typischerweise? Ich vermute mal, dass es sich um Kebabs und Eintöpfe, um Fladenbrot und Lamm handeln wird, aber auch um Datteln, Linsen, Falafel und sicher auch Hühnchen. Dazu die typischen Gewürze, deren Geruch man überall in der Stadt immer einmal wieder in die Nase bekommt. Die gehobene Küche gibt es natürlich in den zahlreichen

Nobelrestaurants, wo Köche von Rang und Namen ihre Künste auf den Tisch zaubern. Daraus ergeben sich viele Gelegenheiten, wirklich lecker essen zu gehen. Was das preislich heißt, können Sie sich ja bestimmt vorstellen. Hier gibt es Gegrilltes mit Reis, dass der Tisch überquillt, gegartes Fleisch, süß gebratene Nudeln mit Gewürzen und natürlich Fisch aus der Region. Trotzdem gilt hier die Regel, dass es die landestypische Küche nur zuhause in den Familien gibt. Aber so weit bin ich bei meinen Erkundungen bisher noch nicht ins „Innere" des Landes vorgestoßen.

Shopping

Wer mit offenen Augen durch die riesigen Malls schlendert, wird bald feststellen, dass hier die endlosen Flure zu Laufstegen umfunktioniert werden. Hier zeigt man, was man modisch draufhat, schließlich ist Dubai eine moderne, ungemein modische Stadt. Funktionskleidung oder Schlabberjogginghose findet man bei den meisten Menschen in den Malls eher selten, dafür ist Style angesagt (daher fühle ich mich auch unter anderem deshalb hier so wohl). Für die Dame ist ein T-Shirt mit Jogginghose ein No-Go, stattdessen ist Stil gefragt. Was bei den Damen außerdem auffällt (im Vergleich zu Deutschland zum Beispiel) ist, dass „Offenherzigkeit" (tiefe Ausschnitte oder kurze Röckchen) nicht zu sehen sind, allein schon deshalb, weil das als ordinär und anstößig empfunden wird. Der Herr, der etwas auf sich hält, trägt stilsichere Kleidung, weniger sportlich, eher elegant. Kurze Hosen sieht man nicht so häufig, Körperformen sollen bei Frau und Mann nur zu erahnen sein, zur Schau getragen wird hier eher nicht. Lange Ärmel und Hosenbeine sind hier in Dubai auch bei 50 Grad im Schatten die Regel, Bermudas oder Hotpants gehen gar nicht, das ist in Dubai ungeschriebenes Gesetz. Zustände wie in Mallorca, wo man mit Strandklamotten halbnackt durch die Straßen tingelt (am besten noch mit einem Fass Sangria in der Hand) sind in Dubai völlig inakzeptabel – und das ist auch sehr gut und angenehm. Alles hat hier einfach um einiges mehr Stil als anderswo. Dubai ist eben nicht der Ballermann.

Selbstverständlich sind sämtliche Modelabels in Dubai vertreten, die man sich nur vorstellen kann. Hier sind die Kunden und hier sieht man die Trends der nächsten Saison hautnah und wer Zeit hat und den Blick dafür, der kann schon auch mal spektakuläre Kreationen auf dem „Laufsteg" in der Mall entdecken. Männer wie Frauen wirken selbstbewusst und cool und nur selten sieht man hier Menschen, denen ihr Äußeres scheinbar völlig egal zu sein scheint, wie zum Beispiel am ... Sie wissen schon. Als zweites Accessoire, wenn man so will, tragen die Menschen hier gerne und üppig eine Schicht Parfum auf. Ich bin jetzt kein olfaktorisch überaus bewanderter Mensch, aber das ist mir schon bei meinem ersten Aufenthalt hier in Dubai aufgefallen: Schwere Parfums, die noch in der Luft liegen, wenn die Leute schon längst im Gewimmel verschwunden sind.

Sehen und
gesehen werden

Wenn es Abend wird, zeigen die Männer, was sie unter der Motorhaube haben. Dann wird mit dem Lambo oder irgendeinem anderen röhrenden Angeberauto die Strandpromenade „The Walk" entlanggefahren. Ob sich die stolzen Damen davon wirklich beeindrucken lassen, möchte ich stark anzweifeln.

Der bisher einzige Boulevard in meiner neuen Heimatstadt ist nicht nur Lauf- sondern auch Fahrsteg, der Stau ist hier nicht lästig, sondern gewünscht. Die Strandpromenade dürfte ungefähr zwei Kilometer lang sein. Hier reihen sich Boutiquen, Restaurants, Coffeeshops und Krimskramsläden aneinander. Je dunkler es wird, desto schöner sind die Menschen anzuschauen. Hier zeigt man sich gerne, das Leben pulsiert und wie in den Malls liegen Düfte in der Luft, von denen einem fast schwindelig werden kann. Von überall her dringt Popmusik an die Ohren und eine Restaurantterrasse nach der anderen lädt zum Verweilen ein.

Ich gehe eine große Freitreppe hinauf, die „The Walk" mit der Plaza verbindet. Die Aufgänge sind mit bunten, kunstvollen Wandgemälden verziert. Street-Art in Dubai. Auf der einen Seite der Promenade ragen Luxus-Hotels in den Himmel. Am öffentlichen Strand der Promenade findet der Badegast vor allem am Wochenende kaum noch Platz, sich um die eigene Achse zu drehen, geschweige denn, sein Handtuch irgendwo auszubreiten. Als stiller Beobachter dieser Szenen fällt es einem leicht, darüber hinwegzusehen, vor allem, wenn ich an „meinen" Pool im 12. Stock denke und an die wertvollen Momente, die mir dieses neue Leben im Land der scheinbar unbegrenzten Möglichkeiten bietet. Ein berühmter Schriftsteller hat einmal geschrieben: Es gibt dieses Land. Wer aber hinfährt und es nicht findet, hat keine Ersatzansprüche an den Autor.

Wass Sie über Dubai wissen sollten

Einige Dinge, die Sie im folgenden Abschnitt lesen werden, habe ich zum Teil schon angerissen. Sehen Sie dieses Kapitel als kleinen Nachschlageabschnitt, in dem Sie die Fakten finden, die aus meiner Sicht wichtig sind, wenn Sie sich mit dem Gedanken spielen, nach Dubai auszuwandern. Selbstverständlich wird es darüber hinaus noch Aspekte geben, die ich nicht behandelt habe, was heißt, dass dieser Abschnitt keinen Anspruch auf Vollständigkeit erhebt.

Geografisches

Nun gut, wo fange ich an? Mit der Landkarte, okay. Dubai ist, wie ich ja bereits erwähnt habe, eines der Emirate der Vereinigten Arabischen Emirate (VAE). Geografisch gesehen liegt Dubai in Asien. Als Nachbarn habe die Vereinigten Arabischen Emirate die Länder Saudi-Arabien und den Oman. Nördlich von Dubai liegt der Iran, dazwischen liegt der Persische Golf. Dubai ist zweierlei: Die größte Stadt der VAE und zugleich ein Emirat. Im Moment leben in der Stadt Dubai etwa 85 Prozent der gesamten Einwohner des Emirats. Das Emirat hat derzeit ungefähr 3,6 Millionen Einwohner.

Der Chef

Der Staatschef des Emirats Dubai ist der Emir, was übersetzt Herrscher oder Fürst heißt. Die Hauptstadt der Vereinigten Arabischen Emirate ist Abu Dhabi, das ungefähr 140 Kilometer südwestlich von Dubai liegt – was mit dem Auto etwa eineinhalb Stunden dauert. Natürlich gibt es auch eine Busverbindung nach Abu Dhabi.

Abu Dhabi ist, wie auch Dubai, zugleich eines der sieben Emirate. Außerdem gibt es noch Sharjah, Ajman, Umm Al Quaiwain, Ras Al Khaimah und Fujairah.

Anbindung

Das Emirat Abu Dhabi macht allein über 90 Prozent der Fläche der Vereinigten Arabischen Emirate aus, wovon riesige Gebiete Wüste sind. Das Leben spielt sich in den VAE logischerweise hauptsächlich in den Städten ab. Meine neue Heimatstadt Dubai hat einen der bedeutendsten Häfen im südlichen Golf. Dubai ist an meine „alte" Heimat Deutschland sehr gut angebunden. Jeden Tag fliegen mehrere Fluggesellschaften zwischen den deutschen Flughäfen und der Hauptstadt Dubai hin und her. Die reine Flugzeit beträgt etwas mehr als sechs Stunden.

Vor allem in den letzten Jahren hat Dubai einen regelrechten Boom an Zuzügen aus dem Ausland erlebt. Ob das nur an den Steuervorteilen liegt, kann ich nicht beurteilen. Zu diesem Thema fragen Sie am besten Ihren Steuerberater. Der Ausländeranteil hier in Dubai liegt im Moment offiziellen Angaben zufolge ungefähr bei 90 Prozent.

Spektakuläres

Nach allem, was man in Büchern und vor allem im Netz so liest, ist es kein Geheimnis, dass Dubai eine sehr reiche Region ist, was vor allem auf die Erdölvorkommen zurückzuführen ist – auch das ist wohl allgemein bekannt. Dubai soll zudem eine sehr liberale Wirtschaftspolitik betreiben. Ich gebe aber zu, dass ich mich im

Marketing sehr, sehr viel besser auskenne als in der Politik. Weltbekannt ist Dubai sicherlich auch für die spektakulären Bauprojekte, die ich schon hinlänglich beschrieben habe. Ich habe auch darauf hingewiesen, dass hier irgendwie alles größer zu sein scheint: Das größte, beziehungsweise mit Abstand höchste, Gebäude der Welt, das größte Einkaufszentrum der Welt und und und.

Superlative

In Dubai gibt es unzählige Möglichkeiten, in seiner Freizeit Spaß zu haben. Vergnügungsparks, wohin das Auge reicht, Wasserspiele, Kamelsafaris – Dubai ist das Land, beziehungsweise die Stadt, der scheinbar unbegrenzten Freizeitmöglichkeiten. Und natürlich die Stadt des Luxus, was heißt, dass sich hier auch die Schönen und Reichen der Welt tummeln. Ich bin mir sicher, dass es nicht viele Städte auf der Welt gibt, die mehr Besucher pro Jahr haben als Dubai. Die Touristenmassen sind längst bekannt in dieser Stadt der Superlative.

Heißes

Zum Klima habe ich auch schon so einiges gesagt. Wer sich nach der Ankunft am Flughafen vorkommt, als ob er ein heißes, feuchtes Handtuch ins Gesicht geschlagen bekommt, der muss wissen, dass die Luftfeuchtigkeit hier oft extrem hoch ist. Hey, wir befinden uns schließlich in einer der heißesten Gegenden der Erde!

In Dubai wird es im europäischen Winter kaum kühler als zwölf Grad, in den Sommermonaten (von April bis Oktober würde ich sagen), liegen die Temperaturen oft über 30 Grad, im Juni, Juli, August gerne auch deutlich über 40 Grad. Es sollen auch schon 50

Grad gemessen worden sein. Aber keine Angst: Die Klimaanlagen hier funktionieren alle prächtig.

Im sogenannten Winter sind in Dubai die meisten Touristen anzutreffen, was aber nicht heißt, dass sie im Sommer ganz ausbleiben. Mit dem Klima kann man sich auch als Einwanderer sehr gut arrangieren und wer ein Sonnenmensch ist, der kommt hier voll und ganz auf seine Kosten. Nach meinem Empfinden scheint hier so gut wie das ganze Jahr die Sonne.

Verständigung

Offiziell spricht man in Dubai zwar Arabisch, die meisten Einwohner hier sprechen aber Englisch. Damit kommen Sie hier auf jeden Fall sehr gut zurecht. Wer sich als Einwanderer die Mühe macht und ein paar Brocken Arabisch lernt, der wird sicher auf den ein oder anderen erfreuten Einwohner treffen. In Dubai gibt es aber natürlich nicht nur Wolkenkratzer und Einkaufstempel, auch kulturell ist hier einiges geboten. Ein kleiner Tipp, der sich aber inzwischen längst herumgesprochen haben dürfte: Wenn Sie in eine Moschee gehen möchten, können Sie das tun, allerdings müssen Sie sich natürlich dementsprechend kleiden und verhalten. Gesunder Menschenverstand ist hier, wie überall auf der Welt, ziemlich nützlich.

Money, Money, Money

In den Vereinigten Arabischen Emiraten ist der Dirham die offizielle Währung. Zur Drucklegung dieses Buches war ein VAE-Dirham 0,25 Euro wert. Das offizielle Währungskürzel ist AED, verwendet werden aber auch Dh, Dhs und sogar DM (aber selten). Zu den

Regeln in Dubai habe ich schon einiges ausgeführt und dazu auch angemerkt, dass ich mich im Marketing viel besser auskenne als in der Politik. Trotzdem möchte ich nochmal darauf hinweisen, dass die rechtlichen Normen und die Regeln andere sind, als in Deutschland, um es diplomatisch auszudrücken. Sich in der Öffentlichkeit küssen ist zum Beispiel keine besonders gute Idee. Fluchen oder Alkohol vor aller Augen zu trinken ist in Dubai nicht erlaubt. Die Sicherheit in Dubai ist nach meinen Erfahrungen hoch.

Was kostet Dubai?

Sicher werden Sie sich auch fragen, was das Leben in Dubai so kostet. Die Mietpreise liegen umgerechnet ungefähr zwischen 1.700 und 2.800 Euro für eine normale Zwei-Zimmerwohnung, wobei die Spanne nach oben sicher nicht ausgereizt ist. Inklusive der Nebenkosten kann man für die Miete schon mal gut und gerne 2.000 bis 3.500 Euro im Monat rechnen. Die Verbraucherpreise sind nach meinem Empfinden in etwa so wie in einer deutschen Großstadt. Essengehen ist auch in Deutschland nicht mehr unbedingt günstig. Hier liegen die Preise für einen Restaurantbesuch aber noch einmal um einiges höher. In gehobenen Restaurants und Fine-Dining-Einrichtungen können die Preise erheblich höher sein als Sie es von Deutschland her kennen. Rechnen Sie mit über 200 AED pro Person für ein Hauptgericht. Sie sollten auch darauf achten, dass alkoholische Getränke in Restaurants in Dubai entweder sehr teurer sind (weil Alkohol in den Vereinigten Arabischen Emiraten streng reguliert ist) oder gar nicht erst verfügbar. Einige Restaurants erlauben es möglicherweise nicht, Alkohol auszuschenken. Lebensmittel sind nach meinen Erfahrungen noch etwas teurer als in vielen anderen Ländern, das gilt insbesondere für importierte Waren.

Bei frischem Obst und Gemüse variieren die Preise je nach Saison und Herkunft. Ich schätze einmal, dass Sie für eine Person im Durchschnitt für eine Woche etwa 100-200 AED einplanen sollten. Die Preise für Fleisch und Fisch können auch variieren, teilweise sogar stark. Ein Kilo Hähnchenbrust zum Beispiel kostet hier zwischen 15 und 30 AED, während ein Kilo Rindfleisch deutlich teurer sein dürfte, etwa zwischen 30 und 100 AED. Milch, Käse, Joghurt und andere Milchprodukte können ebenfalls preislich variieren (was ja in Deutschland auch nicht anders ist). Eine Literflasche Milch kostet im Moment, da ich dieses Buch schreibe, etwa fünf bis zehn AED, Käse und Joghurt, je nach Marke und Typ, zwischen zehn und 30 AED pro Packung. Abgesehen davon, dass Brot und Getreideprodukte natürlich anders schmecken als in Deutschland gewohnt, sind die Preise dafür im Allgemeinen recht erschwinglich. Eine Laib Brot kostet im Moment zwischen fünf und 15 AED, während Packungen mit Getreideprodukten wie Reis, Pasta und Müsli, natürlich auch wieder abhängig von Marke und Qualität, zwischen zehn und 30 AED. Für Snacks, Konserven und andere Lebensmittel können Sie für eine Woche pro Person zusätzlich etwa 100-200 AED einplanen, je nach Ihren Vorlieben.

Einreise

Wenn Sie nach Dubai einreisen möchten, brauchen Sie einen Reisepass (der noch 6 Monate gültig sein muss). Ein Visum wird Ihnen dann bei der Einreise erteilt. Ich würde Ihnen raten, dass Sie sich aber, wenn Sie sich mit dem Gedanken spielen, hierher einzuwandern, auf den Seiten der Bundesregierung (Auswärtiges Amt) bis ins Detail informieren. Sollten Sie einstweilen nur als Tourist nach Dubai kommen, genügt ein Touristenvisum, das 90 Tage gilt. Damit Sie dauerhaft in Dubai leben dürfen, müssen Sie bestimmte

Voraussetzungen erfüllen. Entweder, Sie haben in Dubai eine Immobilie gekauft, so wie ich, oder Sie gründen hier eine Firma beziehungsweise sind Angestellter einer Firma in Dubai. Darüber hinaus gibt es auch die Möglichkeit, für Dubai ein Arbeitsvisum zu bekommen, wenn Sie von einer in Dubai ansässigen Firma eingeladen werden. Die Dauer der Aufenthaltserlaubnis ist aber begrenzt. Sie sollten auf jeden Fall darauf achten, dass Sie hier in Dubai nicht, wie in Deutschland, automatisch sozialversichert sind. Das Thema Sozialversicherung ist in den Vereinigten Arabischen Emiraten nicht wie in Deutschland geregelt. Ich rate Ihnen in jedem Fall, sich darüber ausführlich zu informieren, bevor Sie den Schritt nach Dubai wagen möchten. Private Vorsorge ist aus meiner Sicht unumgänglich, besonders auch im Hinblick auf Ihre Krankenversicherung.

Sabine denkt nach

Als wir uns zum Frühstück wiedersahen, bildete ich mir ein, eine Veränderung an Sabine wahrzunehmen. Kaum hatten wir den ersten Schluck Kaffee zu uns genommen, kam eine Frage von ihr, mit der ich nicht unbedingt gerechnet hatte: „Sag mal Markus", begann Sabine, „hast Du den Glauben an Deutschland verloren?"

Ich nippte nochmal an meiner Cola und sagte dann: „Hmm, schwer zu sagen. Wahrscheinlich schon, ja. Wenn du in Deutschland aufgewachsen bist, dann war dir bis vor einiger Zeit noch klar, dass du in einem der reichsten Länder der Erde geboren wurdest. Das haben dir deine Freunde, die Familie, die Medien und Lehrer gesagt: ‚In Deutschland ist alles super. Wir sind fortschrittlicher, aufgeschlossener und wohlhabender als alle um uns herum.' Daran habe ich auch lange geglaubt, vielleicht viel zu lange! Ich wäre früher tatsächlich niemals auf die Idee gekommen, meinen Lebensmittelpunkt in ein anderes Land zu verlagern. No way! Heute sehe ich das Leben aus einer anderen Perspektive und ich kann wirklich sagen: Von Dubai aus sieht die Welt viel, viel freundlicher aus. Die Menschen hier sind optimistisch, weltoffen und gastfreundlich. Das Mindset dieser Stadt ist ein ganz anderes als das, was ich aus Deutschland kenne. Wer nach Dubai kommt, der will sein Leben verbessern. Das gilt sowohl für den Arbeiter wie für den Broker. Ich möchte behaupten, in Dubai findet jeder die Möglichkeiten, um seine Vision zu verwirklichen, egal, wie groß sie auch sein mag."

„Woran könnte das liegen", fragte Sabine.

„Ich schätze mal, dass die Monarchie die Wege dafür bereitet", sagte ich. „In Dubai werden keine direkten Steuern erhoben, jedoch kommen nach und nach Steuern so zum Beispiel die Körperschafts-steuer für Unternehmen. Für den Wirtschaftsverkehr gibt es nur wenig Vorschriften und Beschränkungen. Hier ist alles sauber und aufgeräumt, die Lebensqualität ist sehr, sehr hoch. Das ist unglaublich angenehm und spornt an, das gibt Kraft und Energie."

„Zum Beispiel?"

„In Deutschland ist weit über zehn Jahre an einem Flughafen gebaut worden, der bis heute nicht fertig ist. In der Hälfte der Zeit wurde hier eine ganze Insel aus dem Meer gehoben. In Deutschland wird über ein Heizungsverbot gestritten und die Leute gehen auf die Barrikaden, während die genervten und entnervten Unternehmer Deutschland den Rücken kehren und hierherkommen, wo sie ein liberales Land vorfinden, wo sie sich entfalten können."

„Ich dachte immer, du bist gar kein politischer Mensch, Markus", grinste mich Sabine an.

„Na ja, so ganz lässt das Thema natürlich keinen kalt, vor allem, wenn man unternehmerisch tätig ist. Noch so ein Beispiel: In Deutschland gibt es bei Demonstrationen inzwischen Großaufge-bote der Polizei. Polizisten betteln in den sozialen Medien darum, dass sie von den Demonstranten nicht angegriffen werden. Hier gibt es praktisch keine Kriminalität. In Deutschland wird diskutiert und demonstriert. Hier sehe ich überall pragmatische Lösungen."

„Jetzt hörst Du Dich schon an wie ein Politiker", sagte Sabine.

„Das täuscht", sagte ich. Jetzt war ich in Fahrt: „Was mich übrigens am meisten überrascht hat, ist das Wohlwollen der Menschen in die-ser Stadt. Man unterstützt sich gegenseitig, ich möchte behaupten, dass es hier deutlich weniger Neid gibt als anderswo. Wenn ich durch eine Mall gehe, mir was Nettes kaufe und dann jemanden mit zwanzig Taschen und fünfzehn Angestellten sehe, dann verändert sich automatisch der Blickwinkel. Hier ist es faktisch unmöglich, dass man der Beste ist. Es wird immer jemanden geben, der es noch weiter schafft als du. Irgendjemand hat mit Sicherheit ein größeres Haus, ein dickeres Auto und so weiter. Das kann auch befreiend wirken. Nach unten hin vergleicht sich hier kaum jemand, eher nach oben hin. Ich habe die Erfahrung gemacht, dass hier niemand auf den anderen heruntersieht. Der Wille zählt."

„Gibt es denn hier nur Superreiche?"

„Nein, natürlich nicht! Dubai ist nicht nur eine Stadt der Reichen. Ich würde sagen, genau das Gegenteil ist der Fall. Hier leben Menschen aus allen Einkommensschichten, aus allen Ländern der Erde. Europäer, Afrikaner, Amerikaner, Asiaten, aber jeder findet hier Möglichkeiten, etwas aus sich zu machen. Ich empfinde hier ein friedliches Nebeneinander. Man geht respektvoll miteinander um. Hier ist jeder zu jedem irgendwie freundlicher als anderswo."

„Kannst Du schon ein erstes Fazit ziehen", wollte Sabine wissen.

„Ich lebe in Dubai jetzt seit über einem Jahr. Ich habe hier in Immobilien investiert und ein Business aufgebaut, ich kenne die deutsche Community und einige wundervolle Orte, an denen das Leben richtig Spaß macht. Das Leben in Dubai hat nach dieser Zeit die Art, wie ich denke, deutlich verändert. Als ich noch in Deutschland war, dachte ich manchmal schon, ich hätte Depressionen. Dabei war ich einfach nur in Deutschland. Das war der ganze Fehler. Das ist mir klar geworden, als ich nach einem längeren Aufenthalt in Dubai zurück nach Deutschland musste. Wie Du weißt, habe ich mich ja Ende 2021 dafür entschieden, hier fünf Wochen zur Probe zu wohnen. Ich wollte am eigenen Leib spüren, wie es denn so wäre, in Dubai zu leben. Wie ist dort die deutsche Community organisiert? Wie funktioniert das mit Behördengängen? Ist Dubai ein Ort, an dem ich mich wohl fühlen könnte?"

„Aber man hört doch von Dubai nicht nur Gutes in den Medien...", warf Sabine ein.

„Das stimmt. In Deutschland hören wir von den Vereinigten Arabischen Emiraten immer wieder Aussagen, dass die Menschenrechte hier mit Füßen getreten würden, dass hier die Reichen die Armen ausbeuten würden oder dass hier die Frauen nur verschleiert herumlaufen würden. Ich glaube inzwischen, dass diese Vorwürfe nur der Ausdruck dieses negativen Grundrauschens sind, das in Deutschland vorherrscht. Sobald du einige Zeit diesem Negativem nicht mehr ausgesetzt bist, fällt dir auf, dass nichts von dem wahr ist. Dubai ist wirklich anders."

Ich nahm noch einmal mein Latte-Glas zur Hand. Ein bisschen kam ich mir vor, als ob ich ein Werbevideo für Dubai drehen würde, aber jetzt hatte ich richtig Spaß daran, Sabine den Mund wässrig zu machen.

Allein meine Arbeitsumgebung. Hey, Sabine, Du musst Dir einfach vorstellen: Ich sitze an meinem Schreibtisch in meinem Apartment in Dubai Hills. Sobald ich meinen Blick hebe, sehe ich draußen vor dem Fenster Villen, Palmen, einen Golfplatz und meinen Pool, in dem ich mich nach der Arbeit entspannen werde. Und dann das Wetter! Die Sonne scheint hier wirklich gefühlt jeden Tag. Allein deswegen ist meine Stimmung hier schonmal deutlich besser als irgendwo sonst auf der Welt, vor allem als in Deutschland, wo ich es noch so in

Erinnerung habe, dass von Oktober bis März die Sonne kaum zu sehen war. Ich habe das Wetter in Deutschland in den letzten Jahren so empfunden, als ob es ein halbes Jahr neblig war, ein viertel Jahr ganz okay und ein viertel Jahr unerträglich. Vor allem die Winter in Deutschland sind eigentlich kaum mehr auszuhalten. Um mich zu entspannen, habe ich es in Deutschland früher genossen, zum Beispiel über die Maximilianstraße in München zu gehen: Shoppen, schlendern und etwas Gutes essen. Doch selbst diese Momente wurden einem in dieser Pandemie genommen. Danach war alles anders. Die Leute haben mich plötzlich komisch angesehen. Das ist mir zum ersten Mal aufgefallen, als ich bei einem Herrenausstatter in der Kaufingerstraße mit Einkaufstaschen aus dem Geschäft kam. Ich hatte das Gefühl, dass mich die anderen beobachten – und das war nicht positiv! Es ist wirklich total anders geworden in Deutschland. Das kannte ich zuvor nicht. Ich habe ja 16 Jahre lang in München gelebt und ich hatte in dieser ganzen Zeit nie das Gefühl, dass ich angeschaut oder beobachtet wurde. Zuerst dachte ich, das liegt an mir. Schlechter Kleidungsstil? Sitzen die Haare nicht richtig? Nein, das war es nicht, denn als ich ohne Einkaufstaschen unterwegs war, hat sich niemand zu mir umgedreht. Später hatte ich wieder Einkaufstauschen dabei und da kamen wieder diese unangenehmen Blicke. Da ist mir langsam klar geworden, dass die Einstellung der Menschen sich verändert hat. Sie missbilligen Luxus. Richtig bewusst ist mir das geworden, als dann auch noch in meinem Bekanntenkreis Kritik aufkam: ‚Muss das denn sein? Diese Schuhe? Diese Tasche?‘ Aber mir gefallen nun mal Stil und Qualität. Eine Tasche von Louis Vuitton sieht einfach schön aus und ganz nebenbei hält sie ein Leben lang. Kaufe ich mir Sneakers von Gucci, ist das eine Entscheidung, die Spaß macht. Während andere bei Deichmann jedes Jahr ein neues Paar Schuhe kaufen, weil die alten Treter zerschlissen sind, sieht die Qualität einer Luxusmarke immer noch aus wie neu. Mir kann keiner erzählen, dass das nicht nachhaltig ist.“

„Und das liegt für Dich alles an der Pandemie?", entgegnete Sabine.

„Seit der Corona-Pandemie hat sich das Denken der Deutschen noch einmal deutlich mehr ins Negative gedreht. Sie bemängeln Themen, über die vorher überhaupt nicht gesprochen wurde. Wenn du dich in Deutschland mit Menschen unterhältst, ist kaum noch etwas positiv. Die Katastrophen geben sich die Klinke in die Hand. Und wenn du dann noch selbst einen schlechten Tag hast, dann kommt das noch obendrauf. Das kennst Du doch auch, Sabine: Die Milch im Kühlschrank ist leer. Die Kaffeemaschine braucht Wasser. Der Zoom-Call beginnt aber in fünf Minuten. Wieder was Kleines. Und dann ist der Zoom-Call vielleicht ein Verkäufer, der dir etwas andrehen will und du denkst dir, ‚Na, danke. 30 Minuten meines Lebens verschwendet.' Alles noch nicht so schlimm, aber dann kommt der Grafiker mit den ersten Layoutentwürfen für ein Projekt und du denkst dir: ‚Mann, ich habe dir vor zwei Tagen alles erklärt und dieser Entwurf ist exakt das Gegenteil davon.' Alles noch nicht so schlimm. Dann kommt vielleicht ein Anruf von der Hausverwaltung, dass bei einem Mieter das Waschbecken kaputt gegangen ist. Okay, dann geben wir heute erst einmal Geld aus, bevor wir Geld verdient haben. Alles nicht so schlimm. Dann kommt die Rückmeldung vom Finanzamt, dass du etwas überweisen darfst. Kein Problem, du hast gut verdient, da darf das Finanzamt auch etwas kriegen. Aber dieser Berg wird immer höher und höher und in Deutschland habe ich einfach keine Möglichkeit mehr gefunden, mich zu resetten."

Sabine überlegte eine Weile. Als meine rechte Hand und beste Freundin hatte sie natürlich Einiges mitbekommen, was sich in mir verändert hatte. Aber so nah hatte ich Sie noch nie an mich herangelassen, was das Thema Dubai betrifft.

„Dein ganz persönlicher Neustart also", sagte sie.

„Exakt" sagte ich. „Das trifft es auf den Punkt! In Dubai ist das anders. In Dubai denke ist: ‚Okay, das Waschbecken ist kaputt. Dann ist das halt so.' Weil dieses negative Grundrauschen nicht da ist, bleibt für diese alltäglichen, negativen Punkte viel mehr Raum. Es gibt hier keine Nachrichten, die dir jeden Tag einhämmern, dass die Welt am Abgrund steht und wir alle in Panik sein müssen. Es gibt hier sowieso nichts, was ich politisch entscheiden kann, weil die Vereinigten Arabischen Emirate eine Monarchie sind. Der Emir entscheidet. Ich habe hier keine negativen Menschen um mich herum, weil jeder den anderen für seinen Erfolg feiert. Und wenn jemand Misserfolg hatte, will man ihn unterstützen und sagen: ‚Hey, das kriegen wir schon irgendwie wieder hin.' Deswegen ist man hier viel entspannter, gelassener und mit der Entspannung kommt die Energie für die Erfolge. Mit Sicherheit machen auch die 365 Tage Sonne im Jahr viel aus. Das kennst Du: Kommt nach dem langen Winter in Deutschland die Sonne hervor, lachen die Menschen auf den Straßen. Das macht viel aus. Und weil du dich hier um vieles nicht kümmern musst, ist das Leben leichter. Du brauchst die Welt hier nicht retten. Die Monarchie hat die Situation gut im Griff und die Leute sind zufrieden."

„Das ging aber schnell mit Deiner Veränderung", sagte Sabine lächelnd, aber provokativ.

„Das hat tatsächlich nicht lange gedauert. Da war zunächst dieses Gefühl, als ich nach dem Testwohnen im Januar 2022 meine Koffer packte. Mir war nicht gleich klar, was los war. Irgendetwas war anders. Ich habe meinen Koffer schon tausend Mal gepackt. Als ich damals als Reiseblogger in der ganzen Welt unterwegs war, habe ich mich immer ein wenig gefreut, zurück nach München zu fliegen. Ich kenne jeden Handgriff, mache alles wie von selbst. Zuerst die Hemden, dann die Hosen. Ich verpacke meine Sachen in kleine

Täschchen, so dass alles seine Ordnung hat. Beim Packen hatte ich die Bilder der vergangenen Wochen vor Augen. Ich sah die Treffen beim Stammtisch, die Abende mit neuen Freunden in Restaurants, vielversprechende Gespräche mit möglichen Geschäftspartnern. Mir war klar geworden, dass die Menschen in Dubai aufmerksamer, einfühlsamer und verbindlicher sind als in Deutschland. Die deutsche Community in Dubai ist sehr gut organisiert. Es gibt hier viele, die schon seit 20 Jahren hier leben. Sie sind in verschiedenen Business-Clubs und lokalen Netzwerken organisiert. Das ist sehr angenehm, denn jeder pusht und fördert den anderen, teilt sein Wissen mit der Gemeinschaft. Hier habe ich gelernt, auch mal um Hilfe zu bitten, denn ohne kann es in Dubai manchmal schwierig sein. Weil jeder mal auf Unterstützung, einen Rat oder eine Telefonnummer angewiesen war, ist jeder bereit dir zu helfen. Mit der deutschen Community kommst du hier schnell vorwärts und außerdem lernst du innerhalb kürzester Zeit die richtigen Leute kennen. Alle sind hier, weil sie ein besseres und erfolgreicheres Leben führen wollen."

„Du hast Dich hier ja komplett neu erfunden, Markus. So kenne ich Dich gar nicht", sagte Sabine und strahlte mich an.

„Stimmt! Ich bin ja normalerweise ein sehr rationaler Mensch, der komplizierte Dinge gerne auf simple Nenner herunterbricht und Lösungen findet. Deswegen hat mich dieses Gefühl, hier bleiben zu wollen, überrascht. Ich war ein wenig traurig. Ich wollte einfach nicht zurück. Ich wollte in Dubai bleiben. Zurück nach Deutschland zu fliegen hat sich einfach falsch angefühlt. Ich habe mich auf die Bettkante gesetzt und dachte mir, dass das doch nicht normal ist, nach fünf Wochen so ein Gefühl zu haben. Ich hatte vorher nie Heimweh gehabt, aber auch nie Fernweh. Ich war einfach immer unterwegs. Wenn ich meinen Koffer gepackt habe, habe ich meinen Koffer gepackt. Dieser Widerwille, zurückzukehren, der war neu.

In dem Moment war mir klar, dass ich mir einen neuen Lebensmittelpunkt in Dubai aufbauen werde."

„Hast Du Dir danach eigentlich noch Bedenkzeit gegeben?"

„Im Prinzip nicht, nein. Zu diesem Zeitpunkt war mir klar, dass ich das will: Dubai! Als ich wieder in Deutschland war, wurde mir das so richtig bewusst. Das ist wie auf einer dieser Yacht-Partys an der Küste Dubais, auf der Räucherlachs, Sushi und Garnelen-Cocktails serviert werden. Die Touris stehen da total drauf und feiern das Catering, während du dir denkst: ‚Das ist doch nichts Besonderes. Das ist einfach nur Catering.‘ Das kann nur jemand großartig finden, der noch nie wirklich etwas anderes in seinem Leben erlebt hat." Ich hatte diesen Gedanken laut ausgesprochen und ich weiß noch, was Du mir damals geantwortet hast."

„Was denn?", fragte Sabine.

„‚Naja, Markus. Du bist heute halt jemand anders als früher, bevor du Dubai und dieses andere Leben gekannt hast.‘ Du hattest Recht, Sabine! Früher dachte ich: Das Leben in Deutschland ist schon gut. Warum auch nicht? Wir leben in einem der reichsten Länder der Erde! Wir bauen die besten Autos und feiern großartige Events mit prominenten Persönlichkeiten aus Europa und Amerika. Doch als ich zurück war, sahen der Räucherlachs, das Sushi und die Garnelen auf den Partys nicht mehr ganz so frisch aus wie vorher. Überhaupt hatte sich meine Wahrnehmung verändert. Ich sah, wie automatisiert manche Deutsche sich durch ihren Alltag bewegen. In Deutschland treffen wir aus Gewohnheit viele Entscheidungen mehr oder weniger unbewusst. Stecken wir im Alltag fest, funktionieren wir zu einem großen Teil einfach. Das trifft selbst für angenehme Entscheidungen in unserer Freizeit zu. Ein Beispiel: Als ich 18 war, habe ich gar nicht überlegt, ob ich mir nach dem Führerschein ein Auto zulege. Damals war klar: ‚Logisch kaufe ich mir ein Auto. Warum denn nicht?' In Dubai habe ich ein Jahr lang überlegt, ob ein Auto wirklich Sinn macht. Diese Entscheidung habe ich gut abgewogen und bewusst getroffen. Verlässt du deine gewohnte Umgebung, setzt automatisch eine starke Persönlichkeitsentwicklung ein. Bis zu diesem Zeitpunkt hat dein Umfeld mehr oder weniger über deine Entwicklung entschieden, aufgrund der Meinungen, Ansichten und Ratschläge, die du zu hören bekommst. ‚Ja klar braucht dein Auto einen Subwoofer!' Ich, mit 18 Jahren: ‚Ja, mega! Brauche ich.' Das sind Dinge, die wir automatisch machen, um dazuzugehören. Wir wollen ein Teil der Gruppe sein. Deswegen ist der folgende Satz von Jim Rohn so wichtig, auch wenn gerne darüber gelacht wird: ‚Zeige mir die fünf wichtigsten Menschen, mit denen Du Dich umgibst, und ich sage Dir, wer Du bist.' In diesem Satz steckt so viel Wahrheit! Der Mensch ist ein soziales Wesen. Wir halten uns automatisch an die Menschen, die uns besonders nahestehen und wir denken, wenn ich dieses oder jenes mache: Was denken dann die anderen? Was denken die anderen, wenn der Sohnemann nicht mehr in die Kirche geht? Was denken die anderen, wenn du dir den tiefergelegten Sportwagen zulegst und nicht das Elektroauto? Was denken die anderen, wenn du dich nicht anpasst und für deine eigenen Interessen einstehst?"

„Das hat aber doch auch was mit Deiner Herkunftsfamilie zu tun", warf Sabine ein.

„Auf jeden Fall. Meine Familie wollte mir das auch beibringen: Wenn einer von der Brücke springt, dann springen alle anderen hinterher. Ich dachte allerdings immer: Lass mal! Ich bin der Erste, der von der Brücke springt und alle anderen sollen mir folgen. Ich sehe es gar nicht ein, dass ich mich anpasse. Anders denken war mir schon immer wichtig. Und Dubai ist der perfekte Ort, um anders zu denken – und viel größer! Jeder ist hier erst einmal mit sich selbst beschäftigt und kehrt vor seiner eigenen Haustür, sonst ist das Visum weg. Wer unverantwortlich handelt, kann sich nicht in einer sozialen Hängematte ausruhen. Die Regeln sind strickt und das Emirat achtet darauf, dass sie eingehalten werden. In Dubai zu leben bedeutet, sich in einer Stadt zu befinden, die konstant im Wandel ist, eine Stadt, die wie kein anderer Ort auf der Welt Tradition und Moderne miteinander verschmilzt. Als ich hierherkam, erkannte ich schnell, dass nicht nur die atemberaubende Skyline und die luxuriösen Einkaufszentren diese Stadt prägen, sondern vor allem die Menschen, die hierherkommen, um ihre Träume zu verwirklichen."

„Und wie denken die Leute hier?"

„Eines der auffälligsten Merkmale der Denkweise in Dubai ist der gemeinsame Wunsch nach beruflichem Erfolg. Die Stadt bietet zahlreiche Chancen und ein dynamisches Geschäftsumfeld, das viele dazu antreibt, hier ihre Karriere voranzutreiben. Die Menschen in Dubai, insbesondere die Auswanderer, teilen oft einen ehrgeizigen Willen und die Überzeugung, dass in dieser Stadt alles möglich ist, in einer Stadt, in der vielfältige Kulturen aufeinandertreffen, die respektvoll miteinander umgehen. Gemeinsam schaffen sie eine Stadt, in der nicht nur beruflicher Erfolg möglich ist, sondern auch ein Leben mit einer hohen Lebensqualität. Auswanderer schätzen die modernen Annehmlichkeiten. Wer eine Wohnung mietet oder kauft, bekommt für sein Geld wesentlich mehr als in Deutschland. Ein Pool ist in der Regel Standard. Die Immobilien verfügen über Fitnesseinrichtungen, einen Concierge, der sich um alles kümmert und viele weitere Annehmlichkeiten. Die Vorstellung von Luxus und einem gehobenen Lebensstil spielt in Dubai eine zentrale Rolle. Die Stadt bietet nicht nur beruflichen Erfolg, sondern auch ein hochwertiges Leben. Menschen aus dem Westen, die hierherziehen, schätzen die modernen Annehmlichkeiten, die Dubai bietet, von erstklassigen Restaurants bis zu exklusiven Freizeiteinrichtungen. Die Menschen in Dubai denken zukunftsorientiert und die Stadt investiert kontinuierlich in innovative Projekte und Technologien, was sich wiederum in der Denkweise der Menschen widerspiegelt. Die meisten teilen die Überzeugung, dass Dubai nicht nur ein Ort für gegenwärtigen Erfolg ist, sondern auch für die Gestaltung einer vielversprechenden Zukunft. Und dieses Denken zieht sich durch alle Gesellschaftsschichten."

Wieder dachte Sabine eine Weile über meine Worte nach. Einige Zeit aßen wir schweigend und sahen aufs Meer hinaus. Wieder dachte ich daran, dass sich Sabine auch mit dem Gedanken spielen könnte, mir hierher zu folgen. Die Frage, die dann kam, bestätigte meine Annahme: „Was würdest Du mir denn raten, falls ich auch mal für länger hierherkommen sollte?"

Ich musste nicht lange überlegen: „Achte auf die einfachen Arbeiter. Mach' abends einen Spaziergang durch die Dubai Mall und sieh Dir die Reinigungskräfte an, die die Rolltreppen reinigen. Du wirst erstaunt feststellen, dass sie Dich mit einem zufriedenen Lächeln grüßen. Ja, sie verdienen deutlich weniger als ein Softwareentwickler oder ein Fluglotse, die sich einen luxuriösen Lebensstil in einem Stadtteil wie Dubai Marina oder Jumeirah leisten können. Die einfachen Arbeiter leben in einem Stadtteil wie Deira, der aber mit seiner jahrhundertealten Geschichte sehr charmant sein kann. Besuchst Du diesen Stadtteil, wirst Du erstaunt feststellen, dass selbst die Gassen abseits der Hauptstraßen sauber und ordentlich sind. Kriminalität gibt es in Dubai praktisch nicht. Du kannst Dich mit einem Gefühl der Sicherheit frei bewegen, einen Blick in die Moscheen des Stadtteils werfen, einfaches, aber köstliches Biryani in einem pakistanischen Restaurant um die Ecke für 5 Euro. essen oder Dich auf Entdeckungstour in Richtung Goldmarkt begeben, einem der ältesten Goldmärkte der Welt. Der Gold Souk ist ein Schmelztiegel für Goldliebhaber, Touristen und Einheimische, mit Hunderten von Juwelieren und Goldhändlern, die sowohl traditionellen als auch zeitgenössischen Goldschmuck anbieten. Bring' Zeit mit, denn das Verhandeln des Preises ist ein fester Bestandteil der Kultur. Die Händler genießen es, mit Dir zu feilschen, während sie Dich gastfreundlich mit einem Tee bewirten. Willst Du nichts kaufen, bist Du trotzdem willkommen, die Geschäfte zu erkunden und mehr über die Kunst des Goldschmiedens zu erfahren."

„Und wo werde ich Dich treffen, Markus?", sagte Sabine. Mir lief es kalt den Rücken hinunter bei der Frage, weil ich plötzlich ein Wort im Kopf hatte, das mich selbst überrascht hatte: Heimat.

„Mich zieht es eher nach Downtown Dubai. Dort fühle ich mich am wohlsten, inmitten moderner Architektur, am Burj Khalifa. Ich möchte versuchen, Dir zu erklären, wie diese faszinierende Metropole funktioniert, wie die Menschen miteinander umgehen. Hier ist ein Vergleich mit Deutschland, damit ich Dir leichter vermitteln kann, was ich meine: Du kennst das sicherlich: In Deutschland vergleichen wir uns gerne mit anderen. ‚Hast du schon gehört? Der Nachbar XY hat einen neuen Porsche.‘ ‚Ach, ne, echt?‘ Wenn der Herr XY einen neuen Wagen hat, dann will sein Arbeitskollege in der Regel auch einen. Familie Zett schickt die Kinder zum Musikunterricht und Frau X nimmt in ihrer Freizeit Reitstunden. Da muss man doch mithalten, oder? Nicht jeder denkt so, aber viele. Es wird nach links und rechts, oben und unten geschaut und sich verglichen. Ich habe dieses Missgünstige in Deutschland nie besonders gemocht. Allein schon aus dem Grund, weil ein Porsche meiner Meinung nach total unpraktisch ist. Da passt keine Golftasche rein, sondern nur ein Beifahrer. Man sitzt unbequem und ziemlich weit unten. Wie Du weißt, kümmert es mich nicht besonders, was andere denken. Anstatt für einen Porsche hatte ich mich damals in München für einen SUV entschieden. Hier in Dubai kümmert es die Leute nicht, ob Du einen Porsche hast oder nicht. Es geht hier nicht um ‚höher, schneller, weiter', sondern darum, das Leben zu verbessern. Nach ‚unten' denkt man sowieso nicht, weil man niemanden beschimpft oder beneidet, der ‚unter' einem ist. Es macht auch überhaupt keinen Sinn, sich in Dubai mit irgendjemanden zu vergleichen, denn hier ist es folgendermaßen: Du fährst ein richtig tolles Auto und garantiert wirst Du auf der Straße jemanden sehen, der ein noch besseres Auto fährt. Kaufst Du Dir ein noch besseres, wirst Du garantiert jemanden mit dem gleichen Auto sehen, der aber ein Nummernschild mit zwei anstatt drei Ziffern fährt. Und schon bist Du wieder der Verlierer. Kurz zur Erklärung: Je weniger Ziffern ein Nummernschild hat, desto teurer ist es. Bloß wegen einem einfachen Metallschild! Also hörst Du automatisch auf, Dich zu vergleichen, weil Du einfach keine Chance hast. Würde ich mich vergleichen, dann würde das enormen Stress für nichts bedeuten – und es interessiert eh niemanden. Ein weiteres Beispiel: Shoppen in der Mall. Du kommst gerade aus einem Geschäft mit einer schönen neuen Handtasche heraus und denkst Dir: ‚Schön, darüber freue ich mich!' Und dann geht an Dir jemand mit zwanzig Louis Vuitton und Gucci-Taschen vorbei, mit fünfzehn Angestellten im Schlepptau. Also – so what? Ich freue mich riesig über meine Handtasche, ohne mich groß oder klein fühlen zu müssen. Du glaubst gar nicht, wie befreiend das ist! Und der Inder, der abends die Rolltreppen reinigt, freut sich genauso, weil er mit seinem Einkommen seine ganze Familie in seinem Heimatland durchbringen kann. Dubai ist nicht nur eine Stadt der reichen und schönen Millionäre und Milliardäre, zu denen man irgendwie dazu gehören muss. Genau das Gegenteil ist der Fall. Jeder hat hier einen Platz zum Leben und jeder hat hier

Möglichkeiten, sich zu entfalten, ohne sozialen Druck. Jedenfalls ist das mein Eindruck. Die unterschiedlichen Kulturen und Einkommensschichten leben hier friedlich nebeneinanderher. Derjenige, der dir dein Auto wäscht, respektiert dich und du respektierst ihn. Und während er das Auto wäscht, grüßt er den Nachbarn von nebenan, der wahrscheinlich gerade 15 Häuserblocks nebenan gekauft hat."

Ich machte eine kurze Pause. Dann sah ich Sabine lange an und fragte sie: „Was ist ein glückliches Leben? Wie definierst Du das?"

„Hmm", sagte Sabine und dachte lange nach. „Ich gebe die Frage zurück."

„In Deutschland sind wir es gewohnt, anderen zu sagen, wie sie zu leben haben. Wir sagen: Du brauchst eine Wohnung mit einer Waschmaschine und einem Fernseher. Du musst das genauso machen wie wir. Du brauchst dieses und jenes und das brauchst du auch noch. Kannst du dir das nicht leisten, dann zahlt das der Staat. Aber wieso muss das so sein? Weißt Du, wie ein einfacher junger Mann aus der Provinz irgendwo in Indien leben möchte? Was für Träume, Wünsche und Vorstellungen er hat? Womöglich kann er mit all dem gar nichts anfangen, weil er völlig anders aufgewachsen ist. Ich sage das in keinster Weise despektierlich, im Gegenteil. Die Menschen aus den Provinzen Indiens sind näher an der Natur als wir das sind. Wir beleuchten unsere Gärten mit elektrischem Licht. Sie haben die Sterne und den Mond. Wir machen das Essen mit der Mikrowelle warm und essen allein. Sie essen gemeinsam, was die Großmutter gekocht hat. Alarmanlagen geben uns ein Gefühl von Sicherheit. Sie lassen die Türen einfach offen, geborgen in der schützenden Gemeinschaft ihrer Nachbarn. Warum soll ein Inder aus der Provinz allein wohnen? Wieso sollte er das wollen, wenn er es ganz anders kennt? Die Inder lieben es mit Freunden und Familie zusammen zu wohnen. Allein würden sich die meisten einsam fühlen. Wir brauchen unseren Standard nicht auf andere zu übertragen. Als ich nach Dubai gekommen bin, habe ich das anfangs nicht verstanden, weil ich von den deutschen Medien beeinflusst war. Seit ich hier bin, ist mein Motto ein ganz einfaches: Leben und leben lassen."

Neues Land, neues Business

Als ich hierher nach Dubai gekommen bin, war es für mich zunächst einmal klar, dass ich meine Firma in Deutschland habe. Daher hatte ich auch keine Beweggründe, hier in Sachen Firmengründung großartig aktiv zu werden. Von Anfang an bin ich zu deutschen Community-Treffen gegangen, um mich auszutauschen und von meinen Gesprächspartnern zu lernen, wie Dubai funktioniert. In den Meetings kamen dann recht schnell Leute auf mich zu, die mit mir zusammenarbeiten wollten. So kam es dazu, dass ich erste Angebote schrieb. Die erstaunten Rückfragen blieben nicht aus: „Warum bekomme ich ein Angebot von einer GmbH?" Die Firmengründung hier in Dubai war in gewisser Weise folgerichtig. Für mich war das zu dem Zeitpunkt zwar noch nicht stimmig, weil ich mit einem sogenannten „Property Visa" hier war. Wieso sollte ich also alles doppelt haben? Als dann aber ein zweiter deutschsprachiger Kunde anklopfte, habe ich den Schritt trotzdem getan und hier eine Firma gegründet.

Von Anfang an ist mir aufgefallen, dass hier Entscheidungen schneller getroffen werden. Nach meiner Beobachtung gibt es hier dieses „eine-Nacht-drüber-schlafen" wie in Deutschland nicht. Entweder ich will etwas oder ich will es nicht. Für mich gibt es dafür eine sehr einfache Erklärung: In Dubai habe ich es mit Entscheidern zu tun! Das ist so einfach wie nachvollziehbar: Unternehmer, die hierher ausgewandert sind, haben mit diesem Schritt eine ungemein wichtige Entscheidung getroffen. Für mich stellt allein diese Tatsache schon eine gewisse Selektierung dar. Da sind einerseits diejenigen, die davon träumen und es wollen. Auf der anderen Seite stehen dann aber diejenigen, die es dann auch wirklich tun – und es vor allen Dingen auch schaffen, sich hier zu etablieren und Erfolg zu haben.

Das ist der entscheidende Punkt. Das sind für mich die Macher, die Entscheider. Menschen, die für sich entschlossen haben, ein besseres Business, ein besseres Leben zu haben. Und genau das merkt man diesen Leuten, die ich in den Meetings treffe, auch an.

Mit meinen ersten Neukunden hier in Dubai wurde mir auch schnell klar, dass ich das nicht allein schaffen würde. Inzwischen habe ich auch hier ein tolles Team an Mitarbeitern um mich und so hat sich für mich meine Firma in gewisser Weise verdoppelt. Wir haben jetzt eben zwei Standorte, aber wenn ich ehrlich bin, war das von mir so weder geplant noch beabsichtigt. Es hat sich einfach ergeben. Eine meiner neuen Mitarbeiterinnen zum Beispiel habe ich beim Netzwerken kennengelernt. Sie war damals dabei, im Bereich Social Media Marketing Fuß zu fassen. Als sie mir erzählte, was sie denn so machen würde, hatte ich scheinbar meine Mimik nicht ganz unter Kontrolle und als sie nachfragte, was denn sei, sagte ich ihr ohne Umschweife, dass ich der Meinung bin, dass ihre Methoden so nicht funktionieren können. Irgendwann ist sie dann in einem meiner Seminare gelandet und hat danach mein komplettes Coaching durchlaufen. Sie weiß, welche Standpunkte ich vertrete, welche Strukturen bei uns vorherrschen und heute ist sie aus meinem Team nicht mehr wegzudenken, vor allem, weil Social Media Marketing – vor allem global gesehen – nach wie vor ein riesiger Wachstumsmarkt ist. Schließlich gibt es immer noch genügend Kunden, die bis heute noch nicht mit Social Media Marketing angefangen haben.

Aber zurück nach Dubai. Ich kann heute ohne Umschweife sagen: Es macht sehr, sehr viel Spaß, hier zu arbeiten und sich über die Erfolge hier zu freuen. Das Arbeitsumfeld in Dubai ist unglaublich inspirierend. Warum? Ganz einfach: Die Unternehmer hier in Dubai haben ein komplett anderes Mindset als anderswo (vor allem als in Deutschland). Ich tausche mich unheimlich gerne mit Leuten aus, die positiv sind und einen klaren Plan haben. Man lernt voneinander und spricht offen über Erfolge – aber eben auch über Misserfolge. Das ist meines Erachtens in Deutschland nicht so. Dort ist immer alles super, aber keiner gibt wirklich etwas von sich preis, keiner gibt zu, dass es eben auch mal schlecht läuft. Daher fand ich das Learning hier von Anfang sehr cool. Ich bin Mitglied in einer Business-Lounge geworden und allein bei den Meetings kann man schon sehr viel darüber lernen, wie das Marketing hier funktioniert. Ich habe Einblicke in Tools erhalten, die ich in Deutschland noch gar nicht auf dem Schirm hatte. Dadurch hat sich mein Horizont noch einmal sehr erweitert und ich habe mich als Mensch und als Unternehmer in kurzer Zeit weiterentwickelt und in gewisser Weise neu erfunden. Das kommt meinen Kunden zugute, weil sie von mir und meinem Team einen besseren Support erwarten können als jemals zuvor.

Ich hatte ja bereits erwähnt, dass sich hier in Dubai mein Tagesablauf sehr verändert hat. Insgesamt bin ich viel entspannter geworden, verbringe nicht mehr so viel Zeit im Büro, sondern bin viel mehr unterwegs in Meetings und Business-Clubs. Zwei Tage sind hier inzwischen zu meinen klassischen Bürotagen geworden. Unsere Teammeetings sind durch den Austausch zwischen Deutschland und Dubai internationaler. Dadurch ist unsere Arbeitsweise noch einmal deutlich strukturierter, schlanker und effizienter, auch was unser Ablagesystem und die Dokumentation betrifft. Eine der großen Herausforderungen für uns ist die inzwischen eingeführte Unternehmens-Steuer. Wir arbeiten hier aber mit zwei Büros zusammen, die sich in diese Themen einarbeiten und uns so weit als möglich den Rücken freihalten. Das Gute ist, dass hier die Arbeitswege noch schlank und effizient sind und dass Entscheidungen schnell getroffen werden können. Alles hier ist auf

Wachstum ausgelegt und das spürt man auch als Unternehmer sehr deutlich.

Besonders zu schätzen gelernt habe ich, Kunden zu betreuen, die schon lange in Dubai sind und sich als Deutsche einen Namen gemacht haben. Wir haben zum Beispiel einen Kunden, der tatsächlich schon seit 30 Jahren hier in Dubai ist. Von solchen Menschen kann man unheimlich viel lernen. Gleichzeitig merkt man, dass die Marke Deutschland international immer noch sehr populär ist und mit Zuverlässigkeit und Qualität in Verbindung gebracht wird. Dieses Qualitätssiegel gibt es tatsächlich noch immer und wird auch hier in Dubai hochgehalten und wertgeschätzt. Dementsprechend fällt das Marketing verhältnismäßig leicht und man kann mit diesem Vertrauensvorschuss im Rücken auch sehr gut mit der Marke Deutschland arbeiten.

Prolog oder New Year's Day

Als ich nach wenigen Stunden Schlaf aufwachte, dachte ich an Deutschland. Ich erinnerte mich an die Shows, die wir im München auf die Beine gestellt hatten, an Gala-Abende, an Events mit Freunden und vertrauten Menschen. Die Zeit war schön, durchaus, doch irgendwie war da immer ein eigenartiges Gefühl von Schwere und Last. Erst mit dem Abstand Deutschland – Dubai habe ich dieses negative Grundrauschen erkannt, das in Deutschland immer stärker wird. Ich habe aber auch gemerkt, dass es auch schon vor Jahren immer da war, als ob eine Glocke über diesem Land liegt, die den Himmel grau erscheinen lässt und seine Bewohner dazu verleitet, missmutig zu sein und anderen nicht viel mehr gönnt, als man selber hat.

Die vergangene Silvesternacht hat alles gesprengt, was ich bislang gekannt habe. Die Welt sieht heute anders aus als gestern, im alten Jahr. Während ich mit meinen Pantoffeln von Louis Vuitton in die Küche schlurfe, fällt die Sonne durch die Fenster meines Apartments. Draußen herrschen angenehme 33 Grad. Hier drinnen kühlt die Klimaanlage die Temperatur auf erfrischende 21 Grad herunter. Ich nehme einen Schluck Orangensaft und erinnere mich an den Himmel über dem Atlantis um Mitternacht. Ich empfinde wieder dieses tiefe Gefühl von Glück und Dankbarkeit, das ich zum ersten Mal in meinem Leben in Dubai erfahren habe. In meinem früheren Leben in Deutschland dachte ich lange, ich hätte Depressionen. Dabei war ich einfach nur in Deutschland.

Falls es Ihnen auch so gehen sollte und Sie sich manchmal fragen, warum Ihnen der Alltag in Deutschland immer nur grau erscheint, rate ich Ihnen dringend dazu, Ihre Perspektive zu wechseln. Gehen

Sie raus aus Ihrem bisherigen Leben und machen Sie irgendetwas Verrücktes. Fliegen Sie nach Kuba oder auf die Seychellen oder eben hierher, nach Dubai. Gehen Sie für eine Zeit dorthin, wo es Sie schon lange instinktiv hinzieht. Folgen Sie Ihrer Intuition, hören Sie auf Ihr Bauchgefühl. Oder noch besser: Fragen Sie sich, wo stehen Sie, wie geht es Ihnen und wo möchten Sie hin? Wenn Sie ein völlig zufriedener, glücklicher Mensch sind: Herzlichen Glückwunsch! Bei mir hat dieses Gefühl erst einen Perspektivenwechsel gebraucht. Ich habe mich von Menschen und vor allen Dingen von diesem Land berühren – und verändern – lassen.

Wenn es Ihnen ähnlich geht, wie es mir ging, bevor ich hierherkam, dann sollten Sie in Erwägung ziehen, etwas zu verändern. Ich möchte Ihnen natürlich nichts vorschreiben, wer bin ich denn? Diese Ratschläge sind einfach meine Art, dieses tiefe Gefühl von Glück mit Ihnen zu teilen. Ich bin überzeugt davon, dass jeder Mensch sein persönliches Glück für sich finden kann. Weil wir aber alle unterschiedlich sind, bedeutet Erfüllung natürlich für jeden etwas anderes. Vielleicht würden Sie ein Silvester im Atlantis einfach nur ganz nett finden, während meine beste Freundin und ich vor lauter Begeisterung ganz aus dem Häuschen sind? Mag sein. Vielleicht ist Ihr Traum ja eine Safari in Afrika oder ein Segeltörn über den Atlantik? Oder vielleicht möchten Sie auch einfach mal wieder das Gefühl von Sicherheit haben und sich nicht jeden Tag über ein neues Problem Gedanken machen müssen?

Hätte ich diese Zeilen vor zehn Jahren gelesen, vielleicht hätte ich ihnen nicht allzu viel Beachtung geschenkt, weil ich der Meinung war, dass doch alles in Ordnung ist. Aber wenn ich mich davon hätte inspirieren lassen – meine Güte, ich hätte schon vor zehn Jahren ein richtig tolles Leben haben können! Dieses Gefühl von Glück hatte ich bereits in den ersten Wochen, als ich in Dubai war. Ich konnte es am Anfang nicht so richtig greifen. „Ich glaube, so fühlt sich echtes Glück an", habe ich irgendwann gedacht, als ich am Abend aus dem Fenster des Taxis den Sonnenuntergang sah. Ich kann mich nicht daran erinnern, dass ich das jemals zuvor erlebt habe, dieses Gefühl: „Wow! Morgen werde ich diesen Sonnenuntergang wieder sehen."

Wenn ich Sie neugierig gemacht habe, kommen Sie nach Dubai! Gut möglich, dass wir uns über den Weg laufen und wir uns darüber austauschen, was Glück für Sie bedeutet und was das Leben außerdem zu bieten hat.

Warum Dubai? Ich glaube fest daran, dass Sie das Mindset der Menschen hier nach vorne bringen kann. Sie tauchen automatisch in eine Welt ein, in der die Menschen innere wie äußere Grenzen überwinden und Sie so mitziehen. Sie können hier gar nicht anders, als aus sich herauszugehen und jeden neuen Tag noch besser machen zu wollen als den vorherigen. Sie haben hier gar keine andere Wahl. Sie wollen es einfach.

Danke

Sicher können Sie nachvollziehen, dass ich den Schritt von Deutschland nach Dubai nicht ohne Unterstützung geschafft habe. Ich möchte mich daher an dieser Stelle bei meinen wichtigsten Supportern bedanken.

Da ist zunächst kein geringerer als der „Emir von Dubai". Als ich mich dafür entscheiden habe, nach Dubai zu gehen, hatte ich natürlich ganz viele Fragen, auch zu Banalitäten. Ich habe den Emir of Dubai bei YouTube gefunden, der tatsächlich ganz viele Basic-Fragen beantwortet hat: Was man beachten muss, in welche Supermärkte man gehen sollte, was in Dubai was kostet, solche Dinge. So bin ich ihm in den sozialen Medien gefolgt. Als ich in Dubai war, hat er Live-Treffen veranstaltet, Stammtische, wo man sich regelmäßig trifft und mit anderen Deutschen austauscht und so habe ich ihn dann auch kennengelernt.

Marc Schippke (Schippke Wirtschaftsberatung AG, Schweiz – www.sparesteuern.com) hat mir geholfen, in Deutschland schon zu verstehen, wie das ganze Steuerthema in Dubai läuft, was ich beachten muss. Marc hat mich dann auch durch den Visa-Prozess in Dubai begleitet.

Edwin Quietzsch habe ich über YouTube kennengelernt, wo er ein Video über ein Investment-Projekt, das SLS-Hotel, veröffentlicht hat. Da konnte man Hotelzimmer kaufen, das fand ich sehr interessant. Als ich zum ersten Mal in Dubai war, habe ich ihm geschrieben. Wir haben uns getroffen und uns auch gleich eine Location angeschaut. Aus diesem Kontakt heraus hat sich eine Freundschaft ergeben. Er hat dafür gesorgt, dass ich mein endgültiges Zuhause in Dubai Hills gefunden habe.

Carolin Staab habe ich beim Netzwerken kennengelernt. Sie ist unser Kunde geworden, wir begleiten sie dabei, ihr soziales Netzwerk hier in Dubai aufzubauen. Die ersten Erfolge haben sich schon eingestellt. Mittlerweile ist Caro eine gute Freundin geworden, ein wichtiger Bestandteil meines Lebens und Team-Mitglied meiner Firma hier in Dubai.

Emre hat mich damals beraten, meine erste Immobilie in Dubai zu kaufen. Es begann als klassisches Maklergespräch. Er hat mich von Anfang an gut betreut, war offen, hat auch klar das Budget genannt und dann für mich etwas gefunden. Emre hat dazu beigetragen, dass sich dieses Fenster Dubai für mich geöffnet hat. Ich hatte bis zum damaligen Zeitpunkt noch keinen Support und nicht das Gefühl, dass ich in guten Händen bin. Ohne ihn hätte ich wahrscheinlich nie im Leben hier eine Immobilie gekauft. Emre ist im Team von Daniel Garofoli, der dafür gesorgt hat, dass ich mich für das Thema Investment in Dubai interessierte. Emre war mein Ansprechpartner beim Kauf der ersten Immobilie und wenn damals nicht alles gepasst hätte, dann hätte ich niemals den Schritt nach Dubai gewagt und nie im Leben darüber nachgedacht, hierher auszuwandern. Emre ist ein Schlüsselkontakt und ja, auch ein Schlüsselmensch, weil ich von Anfang an das Gefühl hatte, gut aufgehoben zu sein. Er gab mir dann letztlich auch das Gefühl, dass diese Entscheidung die richtige ist.

Last but not least: Daniel Garofoli. Daniel ist „schuld", dass ich mich überhaupt mit dem Thema Investment in Dubai auseinandergesetzt habe. Das Thema kam bei mir bei YouTube auf. Ich habe mich informiert und plötzlich bin ich bei Daniel Garofoli gelandet.

Er erklärte mir, wie man in Dubai investieren kann. Ich habe an seinem Videokurs teilgenommen und entschieden: Das ist es jetzt. Er hat den grundlegenden Impuls geschaffen, dass es überhaupt möglich war, hierher nach Dubai zu kommen.

Danke an alle!

Der Autor

Markus Mensch ist ein mehrfach aus- gezeichneter Experte im Bereich Marketing und Social Media. Mit seinem breiten Wissen und seiner langjährigen Erfahrung hat er sich einen Namen als renommierter Trainer, Berater und Coach gemacht. Schon früh zeigte sich sein Interesse für Marketing und Selbstvermarktung. Er erkannte die Bedeutung klar definierter Ziele und entwickelte eine zielorientierte Denkweise, die sein gesamtes Leben prägen sollte. Diese Denkweise führte ihn dazu, seine eigenen Wege zu gehen und sein eigenes Business 2007 zua gründen.

Markus Mensch begann seine Karriere als Marketingexperte und konnte im Laufe der Jahre eine beeindruckende Liste von Kunden und Projekten aufbauen. Sein Engagement und seine Leidenschaft für Marketing führten zu zahlreichen Erfolgen und Auszeichnungen für seine Kunden und trugen dazu bei, sein Ansehen in der Branche zu festigen.

Parallel zu seiner beruflichen Karriere begann Markus Mensch, seine Erkenntnisse und Ansichten in Büchern und Artikeln zu tei- len. Seine klare und verständliche Schreibweise ermöglicht es Menschen, komplexe Marketingkonzepte leichter zu verstehen und umzusetzen. Seine Werke inspirieren Leser dazu, ihre eigenen Ziele zu definieren und auf ihre persönlichen Erfolge hinzuarbeiten.

Markus Mensch ist nicht nur ein erfolgreicher Autor, sondern auch ein gefragter Redner und Podcaster. Seine Fähigkeit, komplexe Themen auf unterhaltsame und leicht verständliche Weise zu präsentieren, macht ihn zu einem beliebten Sprecher auf Konferenzen und Veranstaltungen.

Sein Engagement für die Förderung von Selbstständigen und Unternehmern spiegelt sich in seinem Werk wider. Markus Mensch ist ein motivierender Mentor und Berater, der Menschen dabei hilft, ihr volles Potenzial zu entfalten und erfolgreich in der Welt des Marketings und der Selbstvermarktung zu agieren.

In seinen Büchern, Artikeln, Podcasts und Vorträgen teilt Markus Mensch nicht nur sein Wissen, sondern auch seine Leidenschaft für Marketing und persönliche Entwicklung sowie persönlich Geschich- ten. Sein Einfluss in der Branche ist unbestreitbar, und er setzt sich unermüdlich für die Weiterentwicklung von Marketingfachleuten und Unternehmern ein.

www.markus-mensch.de

Meine Reise durch mein Leben

MARKUS MENSCH

JETZT ALS TASCHENBUCH ODER EBOOK AUF AMAZON ERHÄLTLICH!

ICH NEHME SIE IN DIESEM BUCH MIT AUF EINE REISE. AUF MEINE REISE DURCH DIE ZEIT, DURCH MEIN LEBEN. ICH ZEIGE IHNEN, WO ICH HERKOMME UND WIE ICH ZU DEM MARKETING-EXPERTEN WURDE, DER ICH HEUTE BIN UND ICH BEWEISE IHNEN MIT DIESEN SEHR PERSÖNLICHEN EINBLICKEN IN MEINE WELT, DASS ES FUNKTIONIERT: WIR SCHAFFEN MIT UNSEREN GEDANKEN REALITÄTEN. ICH BEWEISE IHNEN, DASS ES SICH LOHNT NACH DEM HINFALLEN WIEDER AUFZUSTEHEN.

MARKUS MENSCH

DEIN MINDSET
Jeder schreibt seine eigene Lebensgeschichte

BUCH JETZT KAUFEN:

100% 5-STERNE BEWERTUNG AUF AMAZON

An alle, die im Bereich
SOCIAL MEDIA MARKETING
endlich Fuß fassen
möchten.

MARKUS MENSCH, renommierter Marketingexperte, Autor und Podcaster **hat in einem Buch sein Wissen und Erfahrungen zusammengefasst.**

MARKUS MENSCH

SOCIAL MEDIA
REVOLUTION

Erneut
5 STERNE auf
amazaon
★★★★★

**Hier bestellen
auf amazon**

Auf die Ohren.
In den Kopf.

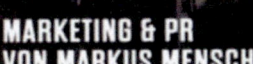

KEIN ERFOLG IST EINE ABSICHT

MARKETING & PR VON MARKUS MENSCH

Der Podcast für Coaches, Berater, Selbstständige, Unternehmer und alle, die erfahren möchten, wie sie ihr Marketing selbst in die Hand nehmen können.

podcast.de/podcast/2634152/kein-erfolg-ist-eine-absicht

MENSCH & MALUCK

Markus Mensch (preisgekrönter Marketing-Experte) & Thomas Maluck (Award-Winning Werbefilm-Produzent) sprechen über Unternehmertum und Marketing – über Erfolg und Scheitern – über Insights und Outlaws.

podcast.de/podcast/3124940/mensch-maluck